KB147555

내가 가장 예뻤을 때

일제강점기와 6·25를 살아낸
우리 할머니들의 이야기

류리수 · 오성숙 · 이윤채 엮음

도서출판 **얼레빗**

* 들어가는 말

이 이야기는 시간을 거슬러 올라가 우리의 할머니 세대가 '가장 예뻤을' 소녀시절에, 일제 강점기와 6·25 전쟁을 겪었던 생생한 기록입니다. 열두 분의 할머니와 한 할아버지의 증언을 바탕으로 그 당시 청소년들이 경험했던 삶의 단면을 남기고자 했습니다. 이 아카이브는 개인의 기억을 넘어서 우리 민족 공동체가 공유해야 할 소중한 역사적 유산이라고 생각합니다. 그러나 아쉽게도 시간이 지날수록 그 기억은 희미해지고, 증언할 수 있는 분들도 점차 줄어들고 있습니다.

누군가 기록해 주면 좋겠다고 생각해 오다가 1년 전 한국외국어대학교 일본연구소의 연구원, 초빙연구원, 구술 구축팀원이 서발턴[1] 연구의 하나로 발로 뛰는 현장 연구를 병행하기 위해 아카이브를 만들기로 의기투합했습니다.

일제강점기에 징용, 징병, 정신대, 위안부 등의 곤욕을 치르신 분들에 대한 기록은 노무현 대통령에 의한 과거사정리위원회를 통해 늦게나마 추진되어 왔습니다. 하지만 그렇게 직접 끌려가지 않았던 일반 민초들이 이 땅에서 어떻게 살아냈는지도 마찬가지로 중요하다고 생각했습니다.

---

1) 안토니오 그람시는 서발턴을 헤게모니를 장악한 집단 이외의 나머지 모든 사람들이라고 지칭했고 이로부터 파생되어 하층민, 하위주체, 종속 계급을 의미하게 되었다. 특히 서발턴의 대표적 연구자 스피박은 〈서발턴은 말할 수 있는가?〉에서 인종, 계급, 젠더의 삼중 억압을 받고 있는 제3세계 여성을 사회의 질식할 듯한 분위기에 말도 제대로 할 수 없이 희생 당한 케이스, 곧 침묵을 강요당하여 '말할 수 없는 서발턴'이라고 설명한다. 제국주의와 가부장제하에 '말할 수 없었던' 우리 할머니들도 서발턴에 해당한다.

그래서 정신대에 끌려가는 연령에 해당하는 95살 전후의 할머니를 구술 대상으로 삼아, 어떠한 삶을 사셨는지 알아보려고 했습니다. 요즘 십대들은 아이돌을 따라 춤을 추기도 하고 자신의 꿈을 키우며 밝게 자라고 있습니다. 그렇게 예쁜 나이에 우리 할머니들은 쌀 공출로 배곯고, 사람 공출의 공포 속에서 어린데도 원치 않는 곳으로 시집가야 했고 전쟁 속에 떠밀려 다녀야 했습니다. 한 나라의 운명이 가장 예쁜 나이의 소녀의 운명을 송두리째 불행 속으로 떨구어버렸습니다. 그런 소녀들의 이야기와 함께 기미카제 특공대에 갈 뻔했던 한 소년의 이야기도 담았습니다.

이분들의 증언이 기초연구 자료로서의 가치를 가질 수 있도록, 구술사를 진행할 때 〈구술사 아카이브 구축 길라잡이〉ⅠⅡ(정혜경)를 안내서로 삼고 양식을 갖추었습니다. 그러기 위해서는 한 분을 적어도 두 차례에서 네 차례까지 찾아뵈어야 했습니다. 어르신들을 만났을 때는 구술의 목적을 얻어내기 위해 몰아가지 않고 그분들 이야기를 충분히 들어드리려고 했습니다.

95살 전후의 할머니들은 자신의 일평생에서 가장 예뻤던 '소녀시대'에 가장 험한 세상을 힘겹게 살아낸 이야기를 들려주셨습니다. 아무에게나 선뜻 꺼내기 어려운 이야기일 텐데, 우리는 할머니를 소개해 주신 분과의 신뢰에 기대어 말씀을 들을 수가 있었습니다. 처음에는 경계하시는 분도 계셨지만 이야기를 마친 뒤 그분의 일생을 잠시나마 함께 나누었다는 따뜻한 공감과 감동이 있었습니다. 심각한 이야기인데도 세상을 초탈하신 할머니들의 재미있는 표현 때문에 폭소를 터뜨리기도 하고, 어떤 때는 목이 메어서 질문을 이어가기 어려웠던 적도 있었습니다. 이렇게 울고 웃으며 한 분 한 분의 인생을 관통해 온 지표들이 가슴에 차분히 스며들었습니다. 그리고 의외로 사후에 사랑하는 이를 꼭 다시 만나겠다는 분들이 꽤 계셨습니다. '가장 예뻤을 때'를 일제와 전쟁, 가부장제에 빼앗긴 할머니들의 소원일 것입니다.

한편, 당시에는 일본에 대한 반감 없이 지낸 분들이 많았다는 것도 뜻밖이었습니다. 그만큼 일제의 황국신민화 정책이 철저하게 추진되었기 때문이었겠죠. 오히려 6·25 전쟁을 더욱 고통스럽게 여기고 있다는 것도 알게 되었습니다. 비록 열세 분의 이야기로 그 시대를 다 대변했다고는 할 수 없습니다. 하지만 우리의 추측을 벗어난 의외의 이야기들이야말로, 그 시대를 정확하게 읽게 해줄 수 있기 때문에 구술 작업의 의미가 여기에 있다고 생각합니다. 이렇게 한 분 한 분 민초의 삶이 모여서 역사의 강물을 이루는 것이기에 우리가 기록하고 기억해야겠다고 생각합니다.

특히 작년에 정부는 강제노동에 동원된 분들이 일본기업으로부터 피해보상을 받도록 대법원에서 승소한 것을(2018년) 묵살하고, 우리나라 기업에 의한 제3자 변제 방식을 취하겠다고 했습니다. 그런 한국의 분위기에 힘입어 일본 외무상은 "강제는 없었다."는 망언을 서슴지 않았습니다. 이럴수록 한 분이라도 더 그 당시의 생생한 삶을 구체적인 기록으로 남기는 것이 역사 왜곡을 바로잡는 진실의 무기가 된다고 생각합니다.

이러한 뜻에 크게 공감해 주시고 소중한 분들을 소개해 주신 계양노인전문요양원 박혜숙 원장님과 선생님들, 군산의 고명자 님, 류기택 님 부부, 감곡의 신정철 님, 문경의 친구, 용인의 김현경 선생님, 김경희

전 경기도의원님께 머리 숙여 감사드립니다.

애초에 할머니들과의 문답 녹취록과 영상을 한국외국어대학교 일본연구소 누리집의 서발턴 연구 코너에 수록해 두기로 했습니다. 그런데 일제강점기와 6·25를 살아낸 분들의 실제 이야기를 한 사람이라도 더 알게 하기 위해서는 크라우드펀딩을 해서 책까지 내는 것이 가장 좋은 방법이라는 제안을 받았습니다. 이 기록의 가치를 공감하고 흔쾌히 지지해 주신 후원자 분들이 계셔서 든든하고 기쁩니다. 후원을 통해 함께 책을 만들어주신 분들의 성함을 책에 기록하여 할머님들의 역사와 함께 남기고자 합니다.

그리고 책을 출판하도록 용기를 주신 분들, 삽화를 그려준 유주연 작가, 교정 편집 등 출판에 실질적인 노고를 아끼지 않으신 도서출판 얼레빗 이윤옥 대표님과 김영조 편집주간님, 그리고 일면식도 없는데 좋은 일에 힘을 보태겠다며 편집디자인, 인쇄를 맡아주신 명 크리에이티브 명성진 대표님께도 깊이 감사드립니다.

혼자 연구해서 쓰는 책도 훌륭하겠지만, 이 책은 팀원 간의 화합, 소개자, 구술자, 후원자, 출판 관련자의 도움 등 진실한 역사에 대한 정성스러운 마음들이 모여서 함께 이루어 낸 공동작품이기에 참으로 신기하고 뜻 깊습니다.

이렇게 세상에 나온 '내가 가장 예뻤을 때'의 이야기는 우리와 후대에 기억되어 계속 살아 있을 것입니다.

2024.6.

류리수

우리 할머니의 소녀시대 그리고

차례

1. 최순하 할머니(보은)

2. 정하원 할머니(용산)

3. 조OO 할머니(황해도 연백군)

4. 양이분 할머니(금산)

5. 전이분례 할머니(군산)

최순하 할머니(보은)

닭 잡아 줄게, 공출받으러 다니지 마라

나는 1932년에 충청북도 보은군 수한면 거현 1구에서 딸만 다섯인 집에 맏딸로 태어났어요.

아버지는 거현에서 이장을 하셨어. 당시 왜정 때는 면서기가 도시락을 싸가지고 아침에 거현으로 와서 가가호호 댕기면서 가마니를 짜라고 한 집에 1,000장씩, 700장씩, 500장씩 할당을 해줘요. 그러면 할당한 그 가마니를 일본사람들에게 팔러 가는 거야. 전시에 가마니에다가 모래를 담아서 총알이 못 날아들게 그걸 쌓아놓는 거죠. 방패 삼는 거지. 그래서 가마니를 많이 짰어요.

놋그릇을 다 뺏어가고, 교회 종도 다 떼어가고요. 다른 동네는

면서기들이 집집마다 댕기면서 파묻어 놓은 것도 그냥 막 파가고 했다는데, 우리는 아버지가 면서기한테 닭 잡아 주는 바람에 여기서는 그렇게 못 했어요. 면서기가 동네 가가호호 댕기면서 호령하려는 거를 못 다니게 하려고 붙잡아 놓는 거지. 시골에서 더운밥에다가 김치에 해서 그렇게 닭을 볶아주니까 우리 집 뜨뜻한 아랫목에 앉아서 잘 먹고 날 새면 제 자전거 타고 가는 거예요. 우리 아버지가 보리 벨 때 보리 한 말, 나락 벨 때 나락 한 말, 왜정 끝날 때까지 그거 이장 수고비로 받고 몇십 년을 했어요.

여자도 공부해야 한다

그 당시에는 여자들을 학교 안 보냈는데 우리 아버지는 "여자도 공부해야 한다"라며 학교 보내셨어요. 그때는 여자를 학교 보내면 시집가서는 시집살이 하는 거 적어서 친정에 편지 보내고, 공부시키면 연애 걸고 한다고 학교를 안 보낸 거예요. 남자가 여자를 아주 가갸 뒷다리도 진짜 모르는 무식쟁이로 만드는 거야. 그런데 우리 친정아버지는 학교 후원회장까지 하시니까 딸 셋을 한꺼번에 학교를 보냈어요. 내가 맏딸인데 제 밑에 두 동생하고 같이 학교를 다녔는데, 나는 출생 신고가 잘못돼서 9살(실제 나이는 11살) 먹어서 학교를 갔어요.

1학년 때 '가타카나'를 배우고 2학년 때 '히라가나'하고 구구단을 배웠어요. 동생이랑 같은 학년으로 다니기 싫어서 3학년은 안 배우고

4학년으로 월반해서 5년 만에 6학년 졸업을 했어요.

아이고, 나 거머리가 뜯어 먹었다!

당시 학교 농장에다가 남학생들이 배추도 심고 무도 심었는데, 가을이면 학교에서 우리들한테 그걸 이고 가서 팔라고 그래요. 하루 종일 이고 다니며 팔려고 해도 아무도 안 사니까 집에서 엄마한테 돈 받아다가 학교에 갖다줬어요.

모심을 때 되면 학생들 다 나가서 모심는데, 발에 막 거머리가 붙어서 그냥 시커멓게 뜯어 먹어서 "아이고, 나 거머리가 뜯어 먹었다!"하고 막 울고. 거머리가 살을 파고 들어가서 이렇게 파먹어서 그걸 잡아당기면 그냥 피가 막 나와요. 이렇게 학교 근처 농가에 학생들을 동원시켰어요. 또 낫을 가지고 보리 베라고 해서 보리를 베는데 벨 줄 모르니까 이렇게 잡아당기니까 뿌리가 다 뽑혀버려요. 무슨 조그만 애들이 제대로 보리 베고, 모심고 하겠어요?

소나무에 있는 송진 있잖아요? 그거 무슨 비행기 기름 만든다고 그거 뜯어오라 해서 맨날 송진 따러 댕기고, 오리나무 열매 그거는 또 뭐 하는지 그것도 따오라고 하고. 그리고 개천에 잔디밭을 다 팠어요. 괭이로 파고 거기다 뭘 심었냐면 피마자를 심었어요. 피마자를 심고 그 기름을 짜서 그것도 비행기 기름을 한대요. 이렇게 무슨 전시에 쓰는 것만, 그런 것만 만드는 거예요. 그래 공부도 못 했어요. 맨날 그러고 돌아다니느라고.

황국신민 맹세해야 기차, 버스 태워줘요

우리 동네에는 일본사람이 많지 않고, 교장 선생하고 파출소 소장하고 둘밖에 없으니까. 하지만 보은읍에는 삼산학교랑 오산학교에 일본 애들이 다녔어요. 일본사람들이 많이 살고요. 쇼와昭和상점도 있고, 일본사람이 하는 백화점도 있고, 일본 아이들만 다니는 학교도 있고. 우리는 가도 말귀도 못 알아들으니까 가지도 않고 그 사람들하고 대화가 안 되잖아요. 그러니까 저들이 그냥 지나가면서 "센진노야쓰(조선놈)". "빠가"(바보)하니까, 한국 사람은 모르니까 "뭐 박아요?" 이런다잖아요. '고라(이놈)' '빠가야쓰(바보 새끼)' '고노야쓰(이놈 새끼)', 맨날 일본사람이 우리 조선사람한테 하는 욕이거든요. 그래, "계란 안 곯았는데요. 안 곯았다고". 그걸 못 알아들으니까 이렇게 한국 사람은 바보 같은 소리만 하는 거예요. 그 사람들이 욕하고 멸시하는 걸 모르고.

학교 선생님은 집에 가서 부모한테도 일본말만 하라는 거예요. 못 알아듣는데 어떻게 하느냐고 하니까, 못 알아들어도 그냥 너희들끼리 대화를 해도 되니까 하라고.

일본말 모르면 기차도 못 타고 버스도 못 타. 기차를 타려면 "와레라 고코쿠신민나리" (우리는 황국의 신민이다-〈황국신민 서사誓詞〉[1]). 그걸 외워야 돼. 그것도 못하는 사람은 차도 안 태워주고 그랬었어요. 일본 왕을 쭉 120명을 외우고, '기미가요' 그런 거 부르고. 기미가요가 국가國歌죠.

학교에서는 순전히 일본말만 하고 이제 일본 정신만 말을 하는 거지.[2]

교장 선생님은 주로 한국말 하는 거를 그렇게 감시하더라고요. 우리가 일단 교문 안에만 들어가면 한국말 하는 게 제일 큰 벌이여. 복도에다가 손을 들고 무릎 꿇어 앉히고 여자애들은 세워놓고 또 벌 세우고, 심할 땐 남학생들은 의자를 들게 하고. 그 의자가 참 무겁잖아요.

선생님은 여자 선생님 둘을 포함해서 일곱 명인가 봐요. 학생은 한 반에 50명씩, 300명은 넘었겠지요. 오르간 치는 음악 선생님이 따로 하나 있고, 12시에 도시락 먹고 2시만 되면 전교생이 마당에 나가서 담임선생님들을 따라 체조했어요.

교회에도 가미다나(신단), 이제 일본 천황이 신

선생님은 전부 한국인이었어요. 한국 선생님이 개명을 해서 야마모토 선생님, 마쓰바라 선생님, 니시바라 선생님. 교장 하나만 스카노 마사유키라는 일본사람이었고요.

당시에 창씨개명 하라고 해서 다 창씨개명했어. 저는 가쓰야마라고

---

1) 〈황국신민 서사〉(1937년 10월) "우리들은 대일본제국의 신민이다. 우리들은 합심하여 천황폐하에게 충성을 다한다." 수시로 제창하게 하고 식량 배급, 기차표 살 때도 강제로 일본어로 외우게 하고 행사 때마다 복창시켰다.

2) 일본은 황민화정책의 하나로 제3차 조선교육령(1938.3)을 내려 언어 말살에 의한 민족말살정책을 펴서 조선어 교수시간을 절대적으로 축소시켰다. 마침내 1941년 3월에는 〈국민학교령〉으로 조선어 교과목을 완전 폐지하여 한글을 말살했다.

화산인데, 우리가 화순 최가거든요. 나는 이름을 그냥 그대로 해서 가쓰야마 준카和山順夏. 그러니까 성만 개명한 거지.

그리고 학교 교문을 바로 들어오면 일본 천황을 향해서 동쪽으로 궁성요배를 했어요. 옛날에 집집마다 가미다나神棚(신단)를 두게 했는데 그 안에 아마테라스 오미카미天照大神[3]라는 귀신이 있다는 거예요. 그게 일본의 팔만 신이래요. 방에 들어가면 다 바라보게 해놓고, 교회에다가도 가미다나를 그렇게 해놨어. 일본 파출소 소장이 찬송가책을 다 가져다가 먹을 갈아가지고 '왕'자 들어가는 거 있으면 붓으로 좍좍 다 그어서 못 보게 만들어 놨다고. '만왕의 왕 예수여 우리 구주 나셨네' 그러면 여기서 '왕' '주'도 이제 아마테라스 오미카미가 되고, 결국 그 신의 자손인 천황이 기독교의 '주'가 되는 거야. 그리고 일 년에 두 번씩 일본 천황과 황태자 생일이라고 요만한 찹쌀 모찌 두 개씩을 줘요. 학교 아이들한테. 그러면 그게 한 일 년 된 건지 말라가지고 딱딱한데 그걸 화롯불에다 구우면 꽤 부하게 일어나더라고요. 일본이 싱가포르를 함락(1942년)했을 때는 등에다가 촛불을 켜서 들고 전교생이 행진을 했어요. 우리 집에서 학교가 10리고 또 학교에서 보은읍이 10리인데 밤에 20리 길을 등불을 들고 지금 말하자면 촛불 시위하듯이 했어요. 갓다조 닛뽕

---

3) 일본의 최고 역사서 《고사기》《일본서기》에 나오는 신화에서, 아마테라스 오미카미天照大神는 '하늘에서 빛난다'는 의미를 가진 태양신으로, 모든 신들의 최고 통치자이고 일본 황실의 조상신이라고 한다. 즉 일본 천황을 태양신의 후손이라고 신격화했는데, 근대에 들어 침략적 군국주의를 펼치면서 조선에는 황민화 정책으로 악용했다.

단지떼 갓다조(이겼다! 일본이 단연코 이겼다!), 베이에이 이마코소
게끼메쓰다(미영米英, 이제 너희들을 격멸시켜주마!) 미국, 영국을
저희들이 쳐부쉈다고. 그때는 소름이 쫙쫙 끼치더라구요. 너 죽고 나
살자 이렇게 하는 게 아니고, 너 죽고 나 죽자. 근데 내가 너부터 죽여
놓고 내가 죽는다 이거더라고요. 아주 잔인하게.

친구들이 다 위안부로 끌려갔어요

우리 친구들을 다 위안부로 끌고 갔는데, 그게 뭐라하는고
하니 일본 방직공장 가서 광목을 짜야 된대요. 실제로는 모르죠.
자기네가 "나 위안부했다", 그 소리는 안 했으니까. 그때는 그래서
방직공장 갔다 온 줄 알았지. 군대 가서 그 위안부 시키는지
몰랐어요. 지금 보니까 그 위안부나 정신대로 끌려 간 할머니들
지금도 사과 못 받아서 그러는데, 지금 저 윤석열 대통령은 일본이
사과 안해도 다 용서해 준다고 그러대요. 그 할머니들은 일본이
주는 보상이 아니면 안 받겠다잖아요.[4] 일본사람이 잘못했으니까
일본에서 보상받아야지. 일본을 용서하고 우리 돈을 준다는 것도
전부 못마땅한 것 같아요. 맞아, 그 사람들이 얼마나 희생하고 그
일본사람들한테 죽다 살았는데 그렇게 하나요.

---

4) 2023.3.6. 윤석열 정부는 강제징용 배상 문제에 대해 일본전범기업을 대신해서 한국기업이 출연한
   기금으로 제3자 재단을 만들어서 일제 강제징용 피해자에게 배상금을 대신 지급하도록 하겠다고 했다.
   이는 한일청구권협정을 이유로 배상금 지급을 거절하는 일본 우익의 주장을 전면 수용하고, 우리나라
   대법원이 2018년 국제사례에 따라 개인청구권을 인정하여 피해자의 전범기업에 대한 손해배상 청구
   소송에 승소 판결을 한 것을 무시한 결정이다.

정신대 가게 되면 위안부로 일본사람들 군대 쫓아가서 남자들 상대하거나 광목공장 갔죠. 아직 결혼 안 한 사람은 싹 몰아갔어요. 그러게 위안부 안 보내려고 시집을 다 보냈다고요. 그래서 그냥 14살이고 15살이고 막 몰아서 시집보냈어요. 결혼한 사람은 안 데려가더라고요. 방직공장 가려면 결혼을 하고 안 하고 그거 가릴 필요가 없잖아요. 뭐 결혼했다고 방직공장에 못 가겠어요? 그래도 시골은 조금 어둑해서 그런지, 저는 학교 다니는 바람에 방직공장인지 위안부는 안 갔어요. 제가 아는 걸로 제 동네에서는 제님이라고 나하고 동갑짜리가 하나 가고. 면에서는 많이 갔어요. 제 친구도 갔다 왔는데 해방되고 왔어요. 그래서 "어디 갔다 왔냐?" 그러니까 "방직공장 갔다 왔다"고. 그러니까 우리는 여기서 방직공장 간다고 갔고 자기도 갔다 왔다고 하면 그렇게 알았지. 위안부 얘기는 일절 안 하더라고. 서울 오니까 뭐 중학생, 고등학생도 다 위안부로 데려갔다 카더라고요.

영광스러운 일본 군인 가서 백정으로 숨어지내고

고종사촌 오빠가 군대를 갔어요. 그때 대학 간 우수한 사람들만 뽑아갔어요. 사촌오빠는 딸만 넷에 아들 하나인 부잣집 아들이고, 우리 고모부가 소방대 대장이고 시골에서 산다고 하는 집 아들이에요. "갓다조 닛뽄(이겼다! 일본)"하며 그렇게 좋은 일본 나라 군인이 돼서 가니까 영광스럽다고 우리가 막 대환영을 했죠.

아주 무슨 암행어사 한 폭이나 된 거지. 학생이고 국민이고 전부 우리 태극기 흔들 듯이 일장기 들고 나가서 차 타고 가는 거를 일본군의 영광이라고 그냥 막 흔들고. 이렇게 좋은 나라의 군인이 돼 가면은 사람으로 태어나서 그런 영광이 없는 거지요. 그때 이런 일본사람들의 정신을 우리한테다가 세뇌한 거죠. 그러니까 우리는 오빠가 진짜 대단한 사람 돼 가지고 간다고, 나는 자랑삼아서 학교에 가서 1학년에서 6학년까지 빨간 실로 한 바늘씩 떠서 무운장구武運長久라고 센닌바리千人針[5] 한 거, 탁 어깨띠 해줬어요. 그런데 오빠는 대학 다니다가 일본 군인으로 끌려가니까 너무너무 속상한 거예요. 그래서 일본에 가서 군대를 탈영했대요. 군복을 벗어놓으니까 입을 게 없었는데 개천에 가니까 빨래를 담가놨더래요. 한국 사람들 여름에는 빨래 빨아서 이렇게 담궈 놓잖아요. 그걸 짜서 주워 입고 자기 군복은 벗어서 땅속에 묻고. 군복을 들켜서 잡히면 죽지. 서로 연락이 통하니까. 그러고 돌아댕기다가 도살장, 소 잡는 데 가서 백정 잡일을 하다가 해방되고 왔더라고요. "그래, 뭐 하고 왔냐?" 물으니 개, 소 잡는 일 하다가 살아 돌아왔더라고. 우리 고모는 딸만 넷에 그 아들 하나 외아들인데 군대 보내놓고 죽었다고 맨날 울고 앉았는데 해방되니까 오빠가 살아서 왔어요. 우리 오빠 살아온 것도 아주 꿈같더라고요.

---

[5] 한 조각의 천에 천 명의 여성이 붉은 실로 한 땀씩 박아 천 개의 매듭을 만들어, 무운장구와 무사함을 빌며 출정군인에게 주었던 것.

'센징 센징' 동물 취급했어요

사촌오빠들도 후쿠오카 탄광에 징용 다 끌려갔었어요. 끌려가서 해방되고 왔는데, 그 탄광에 강제 노동시킨 거를 일본사람이 지금 인정 안 하고 저러잖아요. 우리 집안 오빠들 다 징용 갔다 왔어요.[6]

동네 청년들은 그때 한 30대 그런 사람은 다 거기 갔어요. 군대 가는 사람은 이제 좀 젊은 사람이지. 고종사촌 오빠 같은 대학생들은 학도병으로 그렇게 끌려가고, 처녀들은 정신대라 하면서 끌려갔어요. 후쿠오카 탄광서도 죽은 목숨이라고 그래요. 그런데 살아온 게 천만다행이에요. 굴속에 들어가서 일을 하다가 그게 잘못되면 이제 못 나오고 갱이 무너지기도 하고. 그라고 일본 놈들이 한국 사람을 '센징 센징'하고, 무슨 동물 취급을 했어요. 사람대우를 안 해줬어요. '센징'이라고 하면 그건 아주 하대하는 거예요.

한번은 군대 신체검사 하는 데도 학교에서 단체로 갔는데, 손이랑 발 놓는 자리 네 개를 그려놓고 참말로 일본 스모선수가 씨름할 때 입는 훈도시 하나 하고서는 엎드려서 신체검사하는 거를 우리한테 구경시켜줬어요. 군대 가기 전에 청년들을 그렇게 신체검사 하는데, 그게 무슨 치질 있는 걸 보는 건지 항문을 들여다보더라고. 우리 학생들한테도 바라보라고 하니까 창문 있는 데서 들여다봤지요.

---

6) 일본 대장성 자료에서는 1939~1945 일본 국내로 강제 연행된 조선인은 724,787명이고 그 가운데 탄광으로 동원된 사람이 342,620명이라고 했다. 하지만, 실제로는 100만 명이 넘었다는 추계도 있다.

쌀 공출 바치고 초근목피로 연명

공출을 바치라는 거지. 농사를 20마지기를 짓는데 한 마지기에 2가마니씩 40가마니가 난다면, 40가마니를 다 갖다 바치라는 거야. 자기네가 안남미 쌀 준다고. 그런데 안남미 쌀이라는 게 어디 남쪽에서 가져온다는데 석유 냄새가 그렇게 나요. 한국 쌀은 다 농사지어다가 일본으로 뺏어가고 안남미는 가느다란 게 깔쭉깔쭉하더라고요. 그걸로 밥을 해놓으면 석유 냄새가 나서 못 먹어요. 안남미도 풍부하지 않아서 먹고 살길이 없었어요. 그냥 3월달에 보리가 이렇게 뾰족뾰족 패면 그게 여물어서 영글어야 하는데 영글기 전에 그 모가지를 따서 삶아가지고 맷돌에 갈아서 쑥을 뜯어넣고 풀떼기같이 해서 먹고 살고. 사람들이 진짜 죽기 아니면 살기로 사는데. 우리가 박찬근이네 방앗간에서 돼지 먹인다고 보리방아 찧은 보리깨를 5가마니, 6가마니 갖다 싸놨었어요. 동네 사람들이 우리 마당에 와서 보리깨를 한 가마니씩 풀어놓고 다 이렇게 체를 치는 거예요. 그래서 우리 어머니한테, "어머니, 저 돼지 먹일 거를 왜 저렇게 체치고 있는 거야?" 물으니께, "아이고, 양식이 떨어져서 굶어 죽게 생겨가지고 쑥을 뜯어다가 그 보리깨를 묻혀서 쪄먹을라고 그래" 하더라구요. 돌도 지검지검 할 거 아니에요. 그래도 그걸 먹는다고 하고 봄 되면 산에 산나물 뜯어다가 삶아가지고 된장에다가 무쳐서 먹으니까 사람 얼굴이 누렇게 떠가지고 푸석푸석하고 그랬었어요. 이 살색이 제 색이 아니야.

참 배는 고프고 아이들은 밥 달라고 하니까 산에 도토리 있잖아요. 도토리 따다가 그거 우려가지고 그거를 삶아요. 푹 삶아서 절구에다 쪄가지고 팥하고 같이 삶아요. 거기다 사카린 넣어서 찌면 달짝하잖아요. 근데 또 도토리가 들어있으니까 막 써요. 또 애들이 이파리가 이렇게 착착 늘어진 물쑥 캔다고 산에 가요. 지금은 물쑥이 고급이지 그 위장병도 고친다고. 그리고 물곳은 캐면 조그만 양파같이 생겼는데 캐다가 고아 먹고, 쑥 뜯어서 그거 삶아서 넣고. 그러니까 초근목피로 먹었다는 게, 그게 그 말이에요.

다 빼앗아 가고 이용하고, 야만은 지들이 야만이지

수한공립국민학교를 5회로 졸업을 했지요. 1회 졸업생에는 여자가 하나도 없고, 우리가 5회 졸업인데 여자 7명이 졸업을 했어요. 한 반에서 여자가 5명이면 남자는 한 40명 정도됐어요. 여자 두 줄 의자에 앉고 남자 세 줄 앉고 해서. 남자들은 다 학교를 보내더라구요. 결혼한 사람이 셋인가 있었어. "애기 아빠, 이리 와"라며 놀리고 그랬죠. 진짜 나이가 많은데도 일본말은 알아야 된다고 늦은데 와가지고.

당시는 졸업하고 청주고녀만 나오면 학교 선생을 해요. 그런데 아버지가 동생들이 많아서 안 된다고 안 보내더라고요. 5회 졸업을 하고 그해 8월, 8·15해방이 됐어요. 16살이었어요.

광복이 되니까 아이고 일본 놈들 죽여야 된다고 낫 들고 괭이

들고 그냥 막 동네 사람이 다 쫓아나가는 거예요. 저는 아이고 우리 교장 선생님 불쌍해서 어쩌지 하고, 바보가 또 그렇게 생각했었어. 일본사람들 정직하게 살고 착하게 사는 사람들이라고 그렇게 생각했죠. 교과서에서 나쁜 짓을 하면 빨간 실을 맺고 좋은 일을 하면 하얀 실을 맺는다고 그렇게 배우고. 니노미야 긴지로二宮金次郎(불우한 환경에서 열심히 공부하고 근면하게 일해서 성공한 사람)가 짚신 삼아서 부모 봉양한 거 노래 부르고 그랬어요. 그때는 일본사람이 세상에서 제일 선한 사람이고, 베이에이米英, 미국 영국 저 사람들은 짐승같이 생각했어요. 그 사람들은 비행기를 가지고 사람이나 죽인다고 하고, 일본은 착하게 평화를 만들어서 사람을 잘 살게 하려고 한다고 그랬어요. 그러니까 우리가 완전히 거꾸로 배운 거지. 일본이 야만인인데. 학교에서 우리한테 하와이 함락을 설명하는데, 하느님이 보호해서 그날 하늘에 구름이 꽉 끼었는데 거기 하나만 빠끔하게 맑았더래요. 거기다가 폭탄을 다 쏟아부었더니 그게 하와이를 점령하게 된 거라고 했어요. 그러니까 아마테라스 오미카미라는 일본 귀신이 도와줬다는 거예요. 그렇게 말해서 우리는 그렇게만 알고 산 거예요. 해방된 이후에 왜 일본사람이 나쁜지를 나중에 사람들이 알려줬죠. 또 우리 여자들이 '위안부로 갔다' 그런 걸 알게 되니까, 와! 이거는 일본이 그렇게 무서울 수가 없더라고요. 나중에서야 그게 뭔지 알았지만, 처음에는 이해도 안 되더라니까요. 우리가 배운 게 뭔가? 뭔 일을 하고 우리가

6학년까지 학교를 다녔는가? 그러니까 완전히 그 사람들 앞잡이로 이용당한 거더라고요. 대한민국이 36년 속국이 돼가지고 좋은 거, 쌀 다 빼앗아가고 사람들도 지식도 없으니까 그냥 자기들 마음대로 이용하고. 그러니까 야만은 지들이 야만이죠. 근데 자기네는 '아주 정직하고 세상을 위해 좋게만 하고, 미국만 이겼으면 세계 평화를 만든 제일 좋은 나라'라고 했어요.

결혼해서 농사짓다가 정미소 운영

16살에 학교 졸업하고, 17살에 시집가는 게 뭔지 알기나 해요? 배운 것도 없고. 그런데 신랑이 무전전신학교를 나왔다 하더라고요. 학교 졸업하고 자기는 외국 가려고, 각시를 옛날이라도 학교 다니고 키 큰 사람만 골랐다고 그래요. 제가 키가 크고 그래도 학교 다녔다고 하니까 그래서 결혼을 했는데, 우리 시아버님이 사방 40리 밖으로는 나가면 안 된다고 해서 취직을 못 했지요. 그러고 있으니께 농사꾼도 아니고 전문가도 아니고, 반거충이한테 시집가니까 고생만 했어요. 부모가 보다못해 논 20마지기를 신랑한테 줬는데, 일 년 농사 지니까 일꾼 삯을 쌀 열두 가마니씩 줬어. 그걸 주고 나니까 우리 먹는 양식밖에 안 된다며 농사 안 짓는대요. 그러면 농사 안 지으면 농촌에서 뭐 먹고 살아. 한 마지기가 200평인데, 20마지기면 그게 많은 돈이에요. 부잣집 아들이라고 그렇게 분배를 해준 거예요. 그걸 팔아서 정미소를 했어요. 정미소를 하려니까 상주까지 가서

발동기를 공장에서 해가지고 오고. 일꾼을 낮에 하나 두고 밤에 하나 두고 정미소를 24시간을 돌려야 돼요. 이렇게 가동시키면서 죽어라 일하고, 우리 신랑은 상주 가서 기계만 사다가 대주고 했는데 이제 6·25 난리가 났어요.

발에 시체들이 걸리는 낙동강 피난길

6·25 난리가 나서 피난 갈 때는 밥솥을 떼서 소에다가 싣고, 쌀가마니 싣고, 일꾼이 소 몰고 가고, 여자들은 애 업고 따라가고 옷은 트렁크에 넣어서 머리에다 이고, 무슨 행진하는 것처럼 한 20명씩 피난 갔어요. 아무 집이나 초가집이라도 들어가기만 하면, 그냥 쌀로다가 미숫가루 한다고 한 자루씩 볶아놓고 다 피난 간다고 그냥 집만 내놓고 사람만 도망가서 먹을 게 투성이고, 대구 가니까 사과가 열려서 그때 6월달에 새파랬어요. 우리는 그런 걸 따먹으려고 그러는데 낮만 되면 그냥 비행기가 폭격을 해서 빈집에 들어가서 이런 책상 같은 데 밑에 가서 다 엎드려 있고 밤만 되면 걸어오고.

우리가 낙동강까지 가서 다리를 건너가려고 했는데 못 갔어요. 미군이 낙동강 다리를 끊는다고 했어요. 낙동강 다리를 5시에 끊으니까 여자하고 나이 많은 할아버지는 다리 끊기 전에 건너게 해준다고 건너가라고 그래요. 그런데 동서가 "남자들 살면 같이 살고 죽으면 같이 죽는다"고 해서 여자들도 안 건너갔어요. 그날 저녁 5시가 되니 와장창하더니 낙동강 다리를 다 끊었어요. 그래 우리가 그 이튿날 낙동강을 건너는데 강물이 세지 않고 잔잔했어요. 제 키가 165센치인데, 강물이 입에 찰랑찰랑해요. 그래도 물살이 안 세니까 찬찬히 소를 몰고 갔어요. 소에다가 쌀가마니 지고 큰 동서하고 나하고 소 뒤에다 이렇게 붙잡고 갈만 하더라구요. 이제 밤에 강을 건너가는데 다리에 뭐가 툭 걸리면 그게 물에 빠져 죽은 송장이에요.

아 그런데 그때, 피난민 안에 인민군이 섞여서 들어왔다고 저쪽에서 피난민한테 막 총을 쏘는 거야. 그래서 그걸 돌아가지고 뒤로 물살을 거슬러 가려니까 숨이 차가지고. 진짜 사는 것이 아니고 참 죽을 것 같더라고요. 그래서 야, 이제는 낙동강 못 건너서 다 죽는다고 생각했죠. 남쪽으로 가야 하는데 낙동강 가운데까지 가다가 돌아서 이제 이쪽으로 돌아왔어요.

낙동강 전투

돌아오니까 인민군이 금방 뒤따라 섞여 왔어요. 중공군이랑 소련군들이 막 개미알 떼 같이 나와서, 이북이랑 그렇게 세 나라가

합동해서 쳐들어온 거죠. 인민군들이 "아이고, 왜 여기 나와 생고생을 하십니까?" 하면서 자기네가 거쳐 온 데는 해방이 돼가지고 평화나라가 됐는데 왜 고생고생을 하시냐고. 아 또 이렇게 인사까지 해가면서 그렇게 우리한테 격려를 하더라고.

그 낙동강가에 어젯밤 서울에서 온 고무신 장사가 고무신을 한 보따리 쏟아놓고 건너가다가 죽었대. 피난 와서 먹고살겠다고 장사하던 밀가루인지, 그것도 내버리고 그냥 사람만 건너가고. 우리도 거기 와서 몸도 못 건너가게 생긴께, 큰솥 하나 떼어서 걸고 몰고 온 소를 놔줬어. 낙동강가에 소 수백 마리가 있었어요. 코뺑이(고삐의 사투리)가 어디 나무에 걸리면 굶어 죽을까 봐 이렇게 코뺑이를 목에다 칭칭 감아서 풀 뜯어 먹고 돌아다니라고 다 놔두고.

인민군 잔치, 길 안내 받고 총살

이렇게 낙동강까지 20일을 내려갔다가 다시 20일을 걸려서 보은 집에 돌아갔더니 그때부터 인민군이 들어오는 거예요. 동네 들어오니까 이제 진짜 인민군 잔치가 시작됐어요. 하루면 그냥 한 부대가 들어오는데 100명이 오는지 200명이 오는지, 그 사람들한테 막 돼지 잡아가지고 잔치를 해줬어요. 수고하신다고. 인민군은 폭격당할까 봐 건물에 안 있고 저 산에 숨어있어서 그리로 우리가 음식을 해서 갖다 주고 떡도 해다 주고. 그러면 밤만 되면 인민군들이 가는 길을 또 안내해 줘야 되는데, 낙동강 가는 길, 부산 가는 길을 안내해 주고 그 사람이 돌아서면 총을 쏴 죽이지. 왜냐하면 아군이 들어오면 또 이리 갔다고 말해 줄까 봐 그런다고 그래. 그래서 아이고 또 데리고 가면 그 사람은 또 죽고. 뭐 사람 죽는 게 개미 목숨만도 못하더라고요. 그러니까 뭐 이래 죽고 저래 죽고. 그들이 가고나면 다른 부대가 그 이튿날 또 오는 거예요. 아이고, 그러고 난 다음에 인천상륙작전이 나서 후퇴를 하니까 그때는 이제 죽기 살기를 하는데 그때는 더 무섭더라고요. 우리는 그냥 이리 밀렸다 저리 밀렸다, 6·25 난리 통에 그렇게 9·28 수복할 때까지 그 전쟁을 겪었어요. 일제시대 때 대동아전쟁(아시아 태평양전쟁)으로 그렇게 고생했는데 또 6·25 전쟁 나니까 또. 제 시대는 참 전쟁만 치르다 만 것 같다는 생각이 들어요. 오히려 일본놈들 대동아전쟁할 때 우리는 폭격하는 것만 봤지, 또 그렇게 막 밀고 들어와 돼지 잡아주고 떡 해주고 그런 거는 안 했잖아요. 아이고, 그게 이 난리고 저 난리고 그냥 진짜 사는 것이 아니더라고요.

　6·25 때 김일성이한테 당한 거는 말도 못 해. 고등학생이고 중학생이고 피난 가다가 끌려가면 전부 총알받이로 다 죽었지. 저기 저 국군묘지에 죽은 사람들 어디 총 쏘는 연습이나 해 보고 전쟁터에 나갔겠어요? 그렇게 하고 다 죽은 거예요. 아이고. 이승만이 몰래 도망가면서 밤에 서울 한강 다리 끊었는데, 차 있는 사람들이 그걸 모르고 그냥 전부 차 몰고 남쪽으로 피난 간다고 하는 게 차채로 그냥 한강에 다 빠져 죽어버리고.

6·25는 진짜 몸으로 부딪쳐서 난리 만난 거고, 일제시대 때는 우리는 후방에 있으니까 가만히 있으라고 해서 그런 것만 했지, 그렇게 몸에다 부딪히고 그런 건 없었죠. 일제시대에는 그래도 아버지가 이장 노릇하는 바람에 저는 그렇게 보리깨 먹고 그러지는 않았어요. 6·25 난리 나고도 인민군 잔치하고 했어도 그래도 왜정 때 같이 다 뺏어가고 그러지는 않았는데, 사람들이 많이 죽어가지고 그렇게 고생했죠.

일본군, 중공군, 미군에 짓밟힌 우리 딸들

6·25 난리 끝나고 나서는 21살에 서울에 왔어요. 내가 북아현동에 왔더니 다 피난 가고 사람이 하나도 없었는데, 한 집만 엄마하고 딸하고 못 갔대요. 중공군이 늙은 엄마는 웃목에다 앉혀놓고 딸을 덮쳤는데 그 젊은 딸을 보고 그렇게 환장했대요. 열 명이 줄을 섰는데 막 뒤에 사람은 이놈아 나 죽는다 빨리 나오라고 소리 지르고 앞에 가서는 못 나가고. 그래 자기가 기억하는 게 다섯 여섯 명까지는 왔다 간지는 안대요. 그리고 그다음에 기절해서 몰랐다고. 그렇게 사람 취급도 안 했어. 미국 사람들도 와서 그랬어요. 젊은 여자들 보면 저기 친정 갔다 오는 새댁을 그냥 끌고 산에 올라가서 덮치고. 나는 미국 놈들은 더 잔인하다는 생각이 들었거든. 그런데 진짜 전쟁이 났을 때 중공군, 공산당은 얼마나 더 잔인했겠어요. 그래도 일본사람들은 저렇게 줄 서서 난리 치던 안 했다고 생각했어. 그땐

일본이 우리 여자들을 위안부로 끌고 갔었다는 걸 몰랐거든요. 그러니까 일본은 낫다고 착각했지. 이렇게 전쟁 통에 일본군, 중공군, 미군한테 우리나라 여자들이 고통을 당한 거예요.

고통스러운 여성 피임 강요

아기를 많이 낳으니까 박정희 대통령이 인구가 너무 많아서 산아제한을 해야 된다고 그러더니, 여자를 전부 강제로 루프를 하게 했어요. 남자는 정관 수술하는데 그건 또 나중에 나오고 강제도 아니었고요. 루프를 하니까 물이 찌르르 나와가지고 기분이 나쁘더라구요. 48살에 살을 칼로 째서 억지로 루프를 빼내느라 고생 많이 했어요. 그때는 정부에서 낳지 말라고만 강요하니까. 또 우리도 벌어먹고 살기도 힘들고 하니까.

정부에서도 맨날 밀가루를 줘서 박정희 대통령이 밀가루 대통령이에요. 그리고 미국 여자들이 입던 오버, 코트, 바지 이런 거. 우리 입지도 못 하게 소매가 너무 긴 구호물자를 막 한 리어카씩 갖다가 동네에다가 퍼주고 설탕하고 밀가루하고 갖다줘서 그렇게 먹고 살았어요.

지금 되돌아보니, '내가 제일 예뻤던 시절'에 대동아전쟁, 6·25전쟁으로 전쟁만 치르다 만 것 같아요. 그래서 이 난리 저 난리 난리만 겪다가 다 늙었어요, 제가. 그래서 매일 전쟁 없기를 기도하고 있어요.

정하원 할머니(용산)

속바지에 쌀을 감추고

나는 1933년 서울 용산에서 태어났어요. 서울 용산구 도원동 9-37이야.

아버지가 3대 독자시고, 오빠, 나, 남동생 이렇게 3남매 낳아놓고 스물아홉에 돌아가셨어요. 어머니가 혼자서 우리를 길러 주셨어요. 그래서 우리가 굉장히 어려웠지.

어머니가 아버지보다 한 살 더 잡쉈었대. 일제시대 때 어머니가 속바지에다 이렇게 이렇게 이렇게 금을 그어가지고 누벼서 거기다 쌀을 집어넣고 그 위에 치마 입고 장사를 했지. 지금은 나라에서 먹고 살게끔 해주지 않아? 옛날 일제시대에는 장사도 못 하게 해서 그걸로 몰래 장사를 하면 야매 장사라고 잡아가고 말이야. 막 뺏어가요. 뺏어가니까 치마를 덮어가지고 한 말이고 두 말이고 해가지고 걸으면 얼마나 힘들어. 일본 사람하면 진저리가 나. 나쁜 사람이에요. 어머님이 장사하러 가서 뺏기지 않으면 팔아가지고 우리들 먹여 살리고. 그렇게 생활을 해나갔죠. 그렇게 하면서 우리들 3남매를 기르고, 또 시아버지, 시어머니하고 그렇게 여섯 식구가 살아왔죠.

그리고 옛날에 철둑길에 기찻길 만들면 다리 있잖아요? 두 사람이 침목을 양쪽으로 지고 가서 철둑 다리 놓는 거. 우리 어머니가 그런 것도 댕기고, 그렇게 벌어 먹고사느라고 하여튼 고생을 많이 하셨어요. 그러니까 내가 어린데도 살림을 했어. 살림을 해서 밥하고 반찬을 해놓고 먹었어. 어린 게 일은 잘했어. 그래서 우리 어머니가 아주 마음을 푹 놓고. 밥물을 붓는 것도 손 이렇게 재서 붓고. 그때는 나무로 불 땠어. 어린 게. 우리 아버지가 스물아홉에 돌아가셨으니까 우리 오빠는 13살, 동생이 3살 먹고 나는 10살. 그런 동생을 업고도 댕기고 막 그랬어. 그 전에 고생한 건 말도 못해. 지금은 이제 오래됐으니까 고생한 것 같지도 않아. 지금은 행복하니까.

의자 들고 벌서고 위문편지 쓰고

나는 서울특별시 용산구 금양국민학교에 다녔어요. 내가 3학년 때가 열 살이었는데, 그때 해방된 것만 기억이 나요. 학교 다닐 때 창씨개명을 했어요.[1] '도하라'. '도하라'라고.

일제시대에 학교에서 한국말을 하면 잡아가요. 잡아다가 복도 마루에 이렇게 고시가케(의자)를 들게 하고 벌 세워요. 한국말 했다고. 참 일본 사람 아주 독했어요. 그렇게 다 독했어요. 학교에서는 다 일본어만 하고 집에서는 한국어하고.

학교에서는 헤이타이兵隊(군인)들한테 편지 쓰라고 하면 우리가 편지를 써서 주는 거야. 사무이 사무이 사무이 도코로 혼또니(아주 춥고 추운데 정말로…). 그렇게 편지 써서 헤이타이들한테 보내요. 군인들 잘 싸우게끔 편지 써 보내서 위문해야 된다고 그렇게 했지요.

일본 아이들이 궁금해

우리는 서울에 살아서 일본 사람을 많이 봤어요. 동네도 길 건너는 일본 집이죠. 일본 집이 뭐냐 하면 지금의 빌라 같았어요. 우리 한국은 한국풍으로 하고.

동산이 있는데 저쪽은 일본 마을이고. 여기서 동산에 올라가서 우리 애들끼리 노래하고 그랬어요. 일본 사람들 집에 유리 창문들이 있잖아, 그러면 우리가 손을 흔들면서 노래하고 막 그랬어요.

그래도 일본인 친구는 없었어요. 왜냐하면 우리 한국 아이들만 딱 반을 만들어놨으니까. 일본 아이는 일본 아이들끼리 해 놨겠죠.

---

1) 창씨개명(일본식 성명 강요).1939년 말부터 조선인에게 일본식 성명으로 하지 않으면 입학, 취직할 수 없고 관공서 업무를 볼 수 없고, 우편물도 받을 수 없도록 강제했다. 그러면서도 일본의 성과 혼동되는 성명으로 바꾸는 것을 금지하여, 차별을 둔 지배 질서를 유지하려 했다. 한국의 민족의식을 말살하고, 조선인에게 징병제를 적용하기 위한 준비 작업으로서 창씨개명을 단행하여 결국 조선인을 침략 전쟁에 총알받이로 투입했다.

대화할 일도 없었어요.

그래서 일본 사람에 대해서는 별로 생각이 없어요. 무서운 거도 모르고. 왜냐면은 일본 사람들은 일본 동네 살고 그래서. 해방되고서 일본 사람들은 지네 나라로 돌아갔지. 미국이 일본에다가 폭탄을 던져서 나중에 일본이 손들고 쫓겨났지. 그렇게 그것만 알아.

해방된 거도 국민학교 3학년 때 '해방됐다' 그래서 그런가 보다 했지. 너무 어리니까. 해방될 적에 어른들이 좋아하니까 같이 좋아했죠. 이제 일본 사람도 쫓겨난다고 하니까.

해방되고 나는 불량 학생

해방되고 나서는 좀 사는 게 나아졌지.

그렇게 난리가 나서 해방이 됐는데, 이제 한국어를 배워야 되잖아요. 그런데 우리 엄마가 나를 다시 1학년에 넣어야 되는데 3학년으로 넣었어요. 그동안 '아이우에오 가기구게고 사시스세소' 이런 것만 배웠지. 국어는 가르치지도 않고. 해방 후에 얘네들은 다 손들면 국어를 읽고 그러잖아요. 그런데 나는 한글을 알아야지. 그래서 용산공원에 가서 숨어서 있다가 집에 들어갔어요. 그러니까 학생으로 하면 아주 나쁜 학생이죠. 공부는 뭘 아는 게 있어야지. 왜냐하면 난 한글을 모르니까. 그래도 우리 엄마는 한글을 어떻게 아는지 엄마가 조금씩 조금씩 가르쳐줘서 조금은 알아요.

이불 한 장으로 다섯 식구가

그러다가 6·25가 났어. 그때 내가 15살인가 16살인가 그랬는데, 우리 동생이 어렸지. 7살 층하가 나니까. 내가 동생을 업고 피난 갔는데 우리 엄마는 집 지키느라 서울에 그냥 있었어요. 할아버지, 할머니는 돌아가셨구. 그래서 동생을 업고 평택에 있는 큰고모네로 피난을 갔는데, 큰고모네도 가난해가지고 그 건너 방을 얻어가지고 살았어요.

막내고모가 정신대 안 가려고 15살에 시집 가서 아들, 딸을 낳았는데, 그 고모가 나랑 남동생 그리고 옆집도 데리고 우리 큰고모네로 피난 간 거야. 그러니까 그 집 식구, 이 집 식구 옆에 식구, 우리 식구 가서 있으니까 방 하나에 다섯 식구가 그냥 이불 하나 뒤집어쓰고 이리 잡아댕기고 저리 잡아댕기고 그래 고생들 했지.

서울에서 피난 갈 적에 평택 큰고모 집까지 배 타고 갔어요. 왜냐하면 저기 용산에 강 있잖아요. 이북 놈들이 막 쳐들어오니까 (이승만 대통령이) 한강 다리를 끊었잖아. 피난길에 동생 업고 이불 뒤집어쓰고 어깨에다 메고. 그러고서는 피난 가가지고 먹을 게 있어야지. 그러니까 굴뚝에 연기 나는 집으로 냄비 하나 가져가서 밥 좀 달라고 그러면은 밥사발에 이렇게 쬐끔씩 쬐끔씩 주고, 김치도 옆에 쬐끔 이렇게 놓고 그러면 얻어다 먹고. 그것도 하루 이틀이지.

그렇게 하다가 평택에서 40리(약16km)를 걸어서 갔어요. 40리. 동네 이름도 잊어버렸네. 시골에 자루 하나 가지고 쌀가게 가면 쌀을 이렇게 수북하게 부어주잖아요. 그러면 그 쌀자루를 지고 다시 돌아서 40리를 와요. 시장에 쌀가게 가서 팔지. 시골에서 수북하게 준 만큼을 여기 와서 깎아내고 팔면 얼마 안 떨어지잖아. 그만큼의 쌀을 내 이익으로 바라고 그렇게 고생을 했어요.

저 집에 계집애 하나 있다

피난 갔다가 이제 북한이 물러났다고 해서 집으로 돌아왔는데, 북한이 또 들어왔잖아. 피난을 갔다가 와가지고 있는데 동네 빨갱이가 있잖아요. 동네 빨갱이가 "저 집에 계집애 하나가 있다"고 그래서. 저기 부엌문이 있잖아. 문을 막 흔들면서 딸랑딸랑 문 열어 달라고 그래. 나 잡으려고. 그래서 우리 엄마가 뒷곁 부엌문으로 나가가지고 자물통으로 잠그고서 뒷곁으로 해서 아래로 내려가면 잔디밭이 있어요. 이렇게 비스름하게 된 담 밑에 가서 숨어있고 그랬어요. 여러 번 숨었어요. 동네 빨갱이가 무서워. 그래도 안 잡혀 갔으니까 다행이지. 그때 생각하면 잠이 안 와. 다 잊어버렸으니까 그렇지. 잊어버리지 않으면 아유 정신없지.

청춘 바친 만물상

나는 결혼 안 했어요. 결혼은 안 하고 그렇게 자라면서, 천주교로 나가게 됐어요. 전에는 공장에 댕겼어요. 고무공장에 댕기고 운동화 신발 공장, 또 인쇄소도 댕기고. 그리고 장사를 했어요.

공장 지대에서 담배 팔고 하는 구멍가게를 했어요. 인천에 공장이 많이 있으니까요. 새벽에 영등포 가서 물건을 흥정해가지고 지고 오고, 또 가게로 차가 오면 도매로 넘겨받고. 지금으로 말하자면 마트예요. 구멍가게지만 넥타이든, 생닭이든, 소화제든 손님들이 말만 하면 어떻게든 새벽시장 가서 갖다 놓으니까는 만물 가게가 됐어요.

그 사람들이 이제 공장을 퇴사해서 나가면서 외상값도 많이 뜯기고 하면서 계속 장사했죠. 몇십 년을. 그렇게 오랫동안 장사를 하면서 사기를 많이 당했어요. 그때 돈으로 칠천오백만 원 뜯겼어요. 엄청 많지. 집이 몇 채가 되지. 그게 있었으면 지금 내가 떵떵거리고 잘 살 텐데.

오빠도 자식이 4남매지, 동생도 3형제지. 그런데 나는 결혼을 안 해서 혼자 있으니까는 내가 엄마를 모시고 동생이 30만 원씩 생활비를 줬지. 우리 어머니 대소변을 받아 내면서 그렇게 한 15년 동안 모시고 있었는데 여든여덟에 돌아가셨죠. 사흘에 한 번씩 목욕을 시켜드렸더니 우리 집 방문한 신부님이 향내가 난다고 그러시더라고. 성당에서 효녀라고 상장을 탔어요.

눈에 띄면 뜨끔해하지 말고

어머니 돌아가시고 더 열심히 성당에 다녔지. 왜냐하면 의지할 데는 이제 없으니까. 예수님한테만 의지하고. 이제 죽어도 당신 거고 살아도 당신 거니까 알아서 해달라고. 명동성당 성령 세미나에서 그러더라고. 남한테 돈을 줬는데 그 사람이 그거를 못 갚으면, 그 돈을 준 사람이 나쁘대. 그러니까 그것을 화해해야 된대. 그래서 가만히 생각하니까 안 되겠어. 그래서 사기 친 사람들 전화번호를 알아가지고 전화를 했지. "혹시 길에서 왔다 갔다 하다가 내가 눈에 띄면 뜨끔해하지 말고 겁내지 말고, 없던 일로 해라. 그래야 내가 하느님한테 죄를 사함 받는다"고. 하느님 뜻대로 살려고 아주 열심히 했어요.

나는 이 세상에서 고생을 했으니까 저 세상에서 평화를 얻기 위해서는 다 용서해 줘야 되겠다고 세 사람한테 전화를 했어요. 용서해 줬는데 자기네들도 감사해야 되는 거를 아는지 모르는지. 그 사람들은 전화로다가 가만히 있지 뭐. 이렇게 한 나도 참 용감해. 내가 생각해도. 남을 죄를 짓게 해놓은 사람이 나쁘다고 그랬잖아요. 그래서 내가 그렇게 용서했어요. 그러니까 주님 뜻에 살려고만 애를 썼어요. 남은 생을.

환자 방문도 열심히 댕기고, 전쟁 나지 않도록 기도하고, 우리 요양원 원장님과 선생님들 건강하게 해달라고 매일 묵주기도 열심히 하고 있어요. 그랬더니 마음의 평화가 오더라고요.

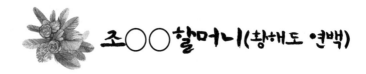

조○○ 할머니(황해도 연백)

사립학교를 없애고 공립학교로

나는 1933년 황해도 연백군에서 태어났어요.

일제시대 창씨개명한 이름은 시라카와 세이신白川誠心이고요.

내가 7살 되던 해에 엄마가 돌아가셔서 형제 없이 외동딸로 자랐습니다. 아버지는 농사를 지으셨어요. 아버지는 형제가 여럿 있고 사촌들도 몇 사람 있었구요.

어머니가 돌아가시고 학교 갈 나이가 되어서 사립 국민학교에 1학년으로 들어갔어요. 해성면 천덕에 사립학교가 하나 있었어요.

그러다가 2학년에 공립학교로 전학했지요. 일본말로는 가이쬬

코리스고쿠민갓고海城公立國民學校였지만 한국어로는 해성공립국민학교니까, 이제 나라에서 인정받는 학교가 된 거죠. 나라에서 사립학교는 없애고 공립학교만 다니도록 한 거죠.[1]

학교에는 일본사람이 많지는 않았지만, 오야마 모토이치라고 교장 선생님이 있었고, 교감 역시 일본사람이었어요.

사립학교 다닐 때는 일본어 사용을 안 했는데 공립학교에 가서 '가타카나' '히라가나'를 배웠어요. 그래도 어느 정도 말은 쫓아서 했는데 공부는 잘 못했어요.

산수는 구구단 배우고, 국어는 가타카나를 먼저 배우고 히라가나 배우고 그렇게 배웠어요. 학교에서는 일본어만 사용하게 했어요. 한국말을 쓴다고 해서 벌을 받게 하는 건 없었는데, 될 수 있으면 일본말을 사용하게 한 거죠.

일본 신에게 감사기도 바치고 식사를

일본사람은 음식을 먹어도 점심때 꼭 기도하고 먹었어요. "음식을 주셔서 감사합니다"라는 뜻으로 같이 축하곡[2]을 노래하고 밥을 먹었어요. 일본말로는 '아마테라스 오미카미 신'에게 감사하는 거죠.

---

1) 일본은 1차 조선교육령(1911)을 발표하고, 민족교육기관 성격을 지닌 '사립학교'를 폐교시키면서, 복종과 순종을 미덕으로 하며 '황국 신민'의 자질을 갖춘 식민지형 인간 양성을 지향하는 '공립보통학교'로 전환해 나갔다.
2) 식사하기 전에 'たなつもの百の木草も天照す日の大神の恵えてこそ : 곡식과 온갖 초목도 햇살을 비추는 태양신(아마테라스 오미카미天照大神)의 은혜 덕분'이라는 노래를 불렀다고 한다.

일본은 그 아마테라스 오미카미를 천황의 조상신이라며 제일로 쳐요. '오'라는 건 큰 '대大'자를 말하는 거거든요. '카미'는 신神, 천조대신天照大神.

학교에 궁성요배 같은 건 없이 그냥 들어갔는데, 규칙이 엄해서 행실이 조금 부진하다든가 그런 애들은 꼭 교장실에 끌려갔어요. 애들이 열매 같은 걸 먹기 좋아하잖아요. 교장 선생님 집 옆에도 과일이랑 앵두나무 같은 게 있었어요. 그런 거 따 먹잖아, 애들이. 그러면 심하면 퇴학까지 맞고 하여튼 뭐 규칙이 엄했어요.

천 사람의 기력을 보충시키는 센닌바리千人針

일본 역사에서 첫 번째 천황은 진무텐노神武天皇. 일본에서는 메이지텐노明治天皇를 제일로 쳤어요. 아마도 메이지텐노가 한국을 점령했기 때문이 아닌가 생각해요. 한국 먹으려고 애를 많이 썼잖아요. 그리고 동남아를 다 장악했잖아요. 이제 한국 먹고 중국, 만주까지 먹고 나서 그다음에 미국을 쳐들어간 거야. 조그만 나라 일본이.

그렇게 전쟁 치를 때 센닌바리千人針라는 걸 했어요. 전쟁에 나가는 사람을 보면 바늘을 갖고 한 바늘씩 떠달라고 해요. 그게 일본말로 센닌千人이면 천명이거든. 천 사람의 바늘을 한 바늘씩 떠서 그렇게 천 사람의 기력을 보충시켜주는 거지. 이렇게 천 사람의 힘으로 돕는다는 뜻인 것 같았어요.

아, 일본사람들 똑똑하죠. 그 조그만 나라가 정말 똑똑하니까 미국을 쳐들어가지. 그 싱가포르를 다 점령했다는 거 아니냐고. 싱가포르 쳐들어갈 때는 교장 선생님이 매일 아침 강단 위에서 자기 나라 일본이 그만큼 우수해서 미국을 쳐들어간다고 좋아서 강연을 했던 거죠. 그러면서 '아다나스 구니오 세메요카시'(군함행진곡 중의 가사: 적국을 섬멸하라)라고 했어요. 말하자면 국력을 넓히기 위해서 전쟁한다는 거지. 그러다가 나중에 후퇴했죠.

2차 대전 때는 일본의 히로시마와 나가사키에 원폭을 투하시키니까 쇼와텐노昭和天皇가 손을 들었죠. 징병 나갔던 사람들 중에 살아서 한국으로 돌아오는 사람도 있고 해서 원자폭탄이 터졌다는 소식을 조금 알고 있었어요.

수리조합과 쌀 공출, 그래서 전쟁

일본이 전쟁하게 된 걸 가만히 생각해 봤어요. 일본사람들이 관개배수를 위해 수리조합을 많이 설립하고서 농업이 확장되었죠. 벼농사를 지으려면 물이 있어야 되니까. 그래서 일본 사람이 쌀을 많이 거뒀죠. 근데 그 벼가 일본으로 다 들어갔을 거예요. 일본이 그렇게 쌀을 가져가서 세력을 얻은 게 아닌가. 좀 부유하게 됐던 게 아닌가. 그렇게 해서 미국에 쳐들어갔던 게 아닌가. 그렇게까지 생각을 해봤어요.

우리 아버지도 농사지으셨는데, 그땐 공출이 많았어요. 그래도 우리는 먹는 게 부족하지는 않았어요. 왜냐하면 우리 아버지가 좀 지혜가 있었어요. 뒷목이라는 게 있는데, 타작할 때 마당에 흩어져 남은 찌꺼기 곡식에 생 벼를 많이 섞어서 뒤로 밀었던 것 같아요. 그래서 쌀은 모자라진 않았어요. 만약에 그렇게 숨기지 않았으면 다 뺏겼을 수도 있었겠지만요.

우리 아버지는 밤을 낮같이 여기고 일을 하신 분이에요. 9살에 할머니가 돌아가셨대요. 여러 형제 남매를 두고 돌아가셨기 때문에 아버지는 스스로 한글을 다 터득하셔서, 학교 마당에도 못 갔지만 반에 일도 보시고 농업에 주력하셨죠.

내가 학교 다닐 적에 소나무 송진을 따러 다니는 일은 있었어요. 그래서 그걸 다 공출한 거지. 그리고 무슨 솜의 역할을 하는 그런 걸 좀 구하고. 그리고 가정마다 유기그릇을 공출하게 했어요.

그 당시 일본사람들이 전쟁만 하고 그러는지 학교 깃대도 다 뜯어가고 그랬던 일이 있어요.

모자를 던져주고 들어가는 일본 사모님

우리 마을엔 일본사람은 교장 선생님, 교감 선생님밖에 없었어요. 학교 옆에 교장 선생님 자택이 있었어요. 집도 넓고 좋았어요. 그리고 교감 선생님은 그때 총각으로 여기 와서 있었고 가정은 없었어요. 보통 생활하는 일본사람은 없었어요.

일본사람들은 한국사람들한테 "기타나이, 기타나이"라고 했어요. 더럽다는 거야. 나는 교장 선생님이 모자를 가져오라고 심부름을 여러 번 시켰던 기억이 나는데요. '기타나이'라는 소리를 내가 직접 듣지는 않았는데 조선에 병이 많다고 해서 사모님이 이렇게 문을 쬐끔 열고서 모자를 던져줘요. 그래서 받아 오고 그랬어요.

우리를 개인적으로 싫어한다 그런 건 모르겠지만, 당신네는 공무원 생활이라서 우리 농민들에 비해서는 깨끗하게 생활하니까. 그리고 그때는 지금처럼 코로나 같은 돌림병은 없었지만 호열자(콜레라)라는 병이 있었고, 그때는 애들이 홍역이 좀 심했던 것 같아요.

학교 다닐 때 일본 노래로 와가이치닛뽄(나의 최고의 일본) 그런 노래가 있거든요. 일본을 항상 치켜세워 주는 노래를 했죠. 하여튼 그 당시 일본 사람들은 우리보다 문화가 앞섰으니까. 해마다 운동하면 여선생님이 무용을 가르쳤고요.

일본인이 돌아가고 공산당이

일본이 2차 대전에서 지니까 일본사람들이 다 일본으로 돌아갈 수밖에 없었죠. 우리 교장 선생님도 다 자기 고향으로 돌아갔죠. 우리는 생도들로서 선생님들이 떠난다고 해서 슬퍼하거나 그럴 일은 없었어요.

해방 후에는 북에서는 김일성을 추앙하고, 남에는 김구, 이승만 이런 정치가 얘기가 있었어요. 일본이 돌아가고 나서 그 공산당이라는 사람들이 생겼어. 그 사람들은 예수 믿는 거 싫어하고 사람이 제일이라고. 그 공산주의 사람들은 '사람이 최고다' 그거지. 하느님

믿는 걸 좋아하지 않아요.

사촌 언니가 하나 있었는데 그 언니는 워낙 무용이라든가 노래 같은 걸 잘하고 책도 보고 얘기도 잘해주고 똑똑했어요. 언니는 가운데 큰아버님 딸인데, 8·15 해방되고 중학교까지 댕겼고, 18살 되기 전에 결혼했어요. 하여튼 그 가운데 큰아버님이 이북으로 끌려갔어요. 그분은 공업학교를 나왔는지 농장에서 공무원을 하셔서 생활이 윤택했었거든요. 그런데 일제시대 때 공직에 있었던 사람들 중에 윤택하게 지냈다는 사람들은 해방되고 나서 이북 사람들이 다 붙들어갔어요. 그래 해주 감옥소로 붙들려가서 돌아가셨겠죠. 소식이 없어요. 이렇게 집이 몰락했는데 사촌언니가 폐병에 걸리니까 제대로 먹지도 못하고 불쌍하게 죽었죠. 그렇게 고기 타령을 하다 죽었대. 폐가 약한 사람들은 고기를 좋아하잖아요. 비극이지 뭐.

결혼식 다음 날 전쟁터로 떠난 남편

나는 결혼을 17살에 했어요. 연백군 해성면에서 연백군 호남면으로 시집을 갔어요.

8·15 해방되고 집안 할아버지께서 중신을 서서 16살에 약혼을 했어요. 그리고 17살에 결혼을 했어요. 어려서 한 거지. 남편은 나보다 4살 위였어요. 근데 그분이 6·25 전쟁 때 군인을 갔어요. 군인 나가서 포에 맞아 전사했어요. 7살에 어머니 돌아가시고 17살에 결혼했다가 이제 18살에 홀로 된 거지.

엄마 없이 자라서 결혼했는데 결혼식한 다음날 남편은 전쟁터로 떠났고 결혼한 지 며칠 되지도 않아서 시어머니가 "남편 없으니까 나는 너를 못 벌어먹인다. 니가 나가서 조개를 잡아 와라" 그러더라구요. 그러니까 어떡해. 가서 조개 잡아 왔지 뭐.

남편 전사 소식 듣고서 강화로 갔을 거예요. 그때 집안 먼 친척 아주머니가 피난을 나왔는데 같이 쫓아 왔던 기억이 나요.

계속된 불행 속에서 피어난 고운 딸

그렇게 나는 강화도에 왔어요. 불행이 계속되다 보니까 정말 정신없이 살았어요. 강화도에 와서 제품 바느질을 했어요. 왜냐하면 남편은 죽고 나를 누가 벌어먹이는 사람이 없잖아요. 혼자 살면서 하루 종일 일해도 돈이 몇 푼 안 돼요.

내가 강화도에 있을 적에는 38 경계선이 없었기 때문에 친정아버지께 그냥 찾아갈 수는 있었어요. 그런데 가 본 적이 없어요. 그 강화도에서 바느질을 하는데, 내가 아니면 그 집에서 옷을 못 만들었어요. 깃 달고 도련하는 건 내가 다 했거든. 내가 기술이 있어서 내가 있어야만 하기 때문에 제품집에서 나를 안 놔줘서 가고 싶어도 못 가게 됐죠.

아이 부끄러운 소리지만 내가 중간에 실수를 했어요. 우리 집 할아버지(두 번째 남편)가 수사계 경사로 있었어요. 근데 본부인이 있는 사람을 만난 거야. 바람을 펴가지고 여자가 많았고 그래서 남편이 성병에 걸려서 본부인도 아기를 못 낳았어요. 나도 그런 사람하고 두 번째 여자로 살았잖아요. 아휴 불행이 계속됐어요. 뭐 큰엄마(본부인)가 주면 먹고 안 주면 못 먹고 그냥 그렇게 살았어요. 내가 제품 바느질하고 벌어 먹고살아야 했죠. 제품집 아들이 그때 18살인가 하고 내가 20살이었고 그랬는데. 함께 일하다 보니 그 사람과 정이 들더라고. 그러다 보니 그 사람하고 사이에 딸이 있게 됐어요. 그때 그 시대에는 나같이 된 사람이 많죠. 막 난리 통에 자리를 못 잡고 피난 생활을 했고 전시가 되니까. 나만 남편이 군인 나가서 죽었겠습니까?

엄마 돌아가시고 나서 뭐 누구 하나 아랑곳하는 일 없고. 형제들이 없으니 뭐 서로 돕고 그런 일도 없고. 그렇게밖에 살 수가 없었어요. 그래도 다행히 바느질은 좀 할 줄 알아서. 나는 공부도 잘 못했어요. 우리 딸은 그래도 나를 안 닮고 아주 공부도 많이 해서 서울대 법대 나온 사람한테 시집갔어요. 우리 딸은 참 똑똑했어요. 아버지를 닮아서 외모가 고와요. 걘 그 아버지를 닮았나 봐. 아이 부끄러운 말씀 많이 드렸습니다.

우리 집 남편(경찰)이 딸아이 학비를 다 대줘서 딸을 키웠어요. 그 대신에 큰엄마 딸, 우리 딸 모두 화목하게 살았어요. 난 '사람은 사랑을 받고 살아야만 사랑을 할 줄 아는가 보다' 그걸 느껴요. 그래서 잘 살아요. 그건 사실이에요.

천지가 변한들 조 씨 마음 변하리까

첫날밤 치르고 그냥 군인 나간 사람을 내가 생전에 잊지 못하는 게 하나 있어요. 6·25 전쟁 때 뭐 시간을 주나? 잔칫날 잡아갖고 보냈는데, 군에서 이렇게 잔칫날을 많이 잡아줍니까. 그렇게 해서 군인을 나갔는데 거기 가가지고서 사흘 만에 편지가 왔는데, "천지가 변한들 조 씨 마음 변하리까" 이렇게 간단하게만 써서 보냈더라고요. 근데 그 사람이 그렇게 불쌍한 거예요. 아니 나는 더 불쌍한 입장에 있는데. 내가 성경을 공부하다가 '우리는 지상낙원에서 영원히 언제까지나 행복하게 살 수 있다.' 이런 공부를 했어요. 낙원이면 '즐거운 동산'이잖아요. 그때 그 지상낙원에 돌아왔을 때 그분 만나서 행복하게 살아야지. 그 정신이 그냥 있어요. 그러니까 내가 지금도 그분이 돌아오길 기다리는 거야. 그때를 고대하고 있습니다. 그분이 뭐 살아봐서 정이 들었습니까, 뭐 잔칫날 잡아갖고 와서 결혼식 하루 치르고 정말 하루도 못 살고 그냥 군인 간 사람인데. 근데 그냥 그게 불쌍해요.

개성중학교 다니는 동생이 가서 보니까, 6·25사변 나서 포탄이 떨어져서 시체가 다 날아갔다대. 국군묘지에 권춘원이라고 이름이 있어요. 나는 지상낙원에서 부활해서 돌아오면 그때 그분 만나서 살겠다는 그 정신만 갖고 있는 거예요.

그러니까 내가 여러 사람 만났어도 그래도 맨 첨 결혼했던 그 사람만 생각해요. "천지가 변한들 조 씨 마음 변하리까"라고만 쓴

편지 보내고 죽은, 그 사람이 내 남편이다. 그때 부활해서 돌아오면 그 사람하고 가 살아야지. 그 생각 갖고 살아요. 지금도.

양이분 할머니(금산)

금산 산골, 애기가 애기를 봤어요

나는 1935년에 진안군 용담면에서 태어났어. 거기가 수리조합이
돼서 살 수가 없으니까 어려서 나왔지. 용담면에서 금산 쪽으로 와서
살다가 결혼도 했어. 나중에 장사하는 우리 친정어머니를 따라서
인천으로 온 거예요. 우리 자손들도 다 따라왔어. 어려서 금산
산골에 살면서 학교도 못 다녔어. 옛날에는 학교 가면 큰일 나는 줄
알아요. 노래하면 기생 나갈라냐고 하고. 그때는 아무 의지할 데도
없고 살기가 고생이니까. 그리고 우리 아버지하고 엄마하고 둘이
농사짓는데, 애는 딸렸지 나 학교 들여보내면 애기 봐줄 사람이

없어서 농사를 못 짓는다고 못 가게 해. 그래서 학교를 못 갔어. 내가 아직 어리지만 나는 애 보고 밥 해먹고 어른들은 농사짓고. 내가 맏딸이고 남동생 하나 여동생 둘이 있는데, 남동생은 죽고 여동생 둘은 지금 있어.

엄마 은비녀 뽑아가는 일본 순사

내가 여남은 살 먹어서 해방이 됐는데 그래도 다 알아. 일본 놈들이 와서 다 뒤져 갖고 가는 거. 일본 놈들이 쌀도 묻어 놓으면 창으로 찔러서 소리 나면 파가지고 가고, 일본 놈하고 동네 구장하고 오더니 다 실어 가.

또 유기그릇도 있는 사람들은 땅에다 묻고 그랬대. 그런데 우리는 없이 사니까 당장 먹을 거 뿐이라서 살강(시렁)에다 씻어서 이렇게 엎어놨는데 일본놈이 부엌에 들어와서 홀딱 가져가더라고. 그걸 봤어. 숟가락 몽댕이 하나 안 남기고 가지고 갔어. 그러니까 그때 일본 놈들이 총깍지 맹그느라고 놋그릇을 다 뺏어간 거여. 그래서 우리 아버지가 나무로 깎아서 숟가락 만들어서 밥 먹었어. 그때는 일본 놈 시대라서 뭘 갖추고 살 수가 없었어.

나 어려서 보면, 어머니들이 그때는 금비녀는 귀하고, 은비녀에다가 꽃 놔서 머리에다 이쁘게 끼고 댕기면 순사들이 세워놓고 빼갔어. 그놈들이. 어려서 두어 번인가 내가 직접 봤지. 일본 순사들이 모자 쓰고, 이렇게 이만큼 올라오는 장화가 번쩍번쩍 했어. 그리고 또 여기다 칼 차고 다니면 칼도 번쩍번쩍 했어. 그러고서 저벅저벅 다니면 무서웠지.

옛날에는 애기가 울다가도 "저기 순사 온다, 그쳐라!" 그러면 그쳤어. 무서웠어. 그때는 그렇게 무서운 세상이었어. 고향 진안에 친척들이 다 있는데 우리 집이 수리조합으로 물에 잠기게 돼서 어쩔 수 없이 우리 아버지가 친척들하고 떨어져서 가족을 데리고 금산으로 나온 거야. 내가 7살 먹어서 갔어. 일본 놈들이 산에 이렇게 양쪽에다가 빨간 깃대를 꼽아놨었어. 수리조합 한다고. 그런데 기어이 수리조합 됐잖아.

길도 일본 놈들이 네모난 말뚝 박아놓고 빨간 칠을 해놨어. 글씨 써놓고. 길을 다 자로 재고 그렇게 박아 놨었어. 그거 뽑으면 잡아가. 그렇게 무서웠어. 그래서 그거 다 해놨는데 다 길 났잖아요.

밤손님이 된 우리 아버지

내가 너무 어릴 때고 금산 시골에 살아서 일본사람은 많이 보지 못했어. 그런데 그 일본 놈들이 유기그릇을 뺏어갖고 싣고 갈 때, 그때는 차가 없으니까 사람이 지고 가잖아. 우리 아버지가 그거 지고 갔었어. 그때 나도 어리지, 내 동생도 몇 살 안 됐지, 그 밑으로 동생 있지, 그래갖고 우리 엄마 혼자 농사를 지니까 내가 집안일이며 애기 보는 거며 다 해야잖아. 조그만 게. 우리 아버지는 일본 놈들이 뺏은 유기그릇을 지고 가다가 전라도 어디까지 가서 배 타면 일본으로 가는데, 도망쳤대. 일본 놈들 싸우는데 총탄 메고 지고 다니라고 데리고 간 거여.[1] 일본 가서 죽을지도 모르는데, 우리 아버지가 도망왔어. 큰길로 오면 또 잡혀갈까 봐 산으로 산으로 왔대. 그래갖고 밤에 자다 눈을 떠보니까 아버지가 왔더라구. 낮에 집에 와 있으면 일본 놈들한테 또 잽혀갈까 봐 산에 가 있다가, 우리 엄마가 밥을 해서 이렇게 된장하고 싸서 주면 산에 가서 먹고 밤이면 내려와. 옛날에는 도시락이 없으니까 버드나무로 바구니를 엮어갖고 이렇게 이렇게 크게 도시락 맹글어 갖고 뚜껑을 딱 덮어주고. 아버지가 밤이면 내려와서 일하고. 밤에 와서 우리들을 참, 이렇게 만져보고 안아보고.

---

1) 군노무자와 포로 감시원을 군속으로 분류할 수 있다. 30만 명이 넘는 군속 가운데 군이 발부한 영장을 받아서 송출된 경우는 소수다. 다중 동원으로 인해 노무에서 군속, 군인으로 전환하는 등 일본은 철저하게 노동력을 수탈했다. 이렇게 전쟁터에 내몰린 40만에 달하는 조선인 군인, 군속은 민족적 차별과 학대, 사적 제재를 당했고 그중 15만 명이 귀환하지 못했다.

그때 일본 놈들 전쟁터 따라가 갖고 일본 놈들 총탄 메고 간 사람들 죽은 사람도 많아. 우리 아버지도 그놈들 싸우는데 총탄 져다 주는 일을 할 뻔했지.

가갸거겨 알려준 순택이네 오빠, 총알받이로

그리고 또 좀 배운 청년들은 우리 동네에서 다섯 명을 뽑아갔는데 다 죽고 하나 살아왔어. 일본 놈들이 우리나라 사람을 앞에다 총알받이로 세우고, 일본 놈들은 뒤에서 싸우는데 한국사람들 다 죽었잖아. 살아온 이는 일제시대 때 학교 선생이거든. 그런데 그이는 총 메고 싸우는 척해갖고 차 밑으로 숨고 그랬대요. 그래서 살아왔어. 그리고 다른 사람들은 다 죽었어. 다 죽고 안 와. 우리 동네에 순택이네 오빠, 종이 오빠, 그런 사람들 다 죽었어요. 젊은 사람들, 청년들. 순택이네 오빠, 종이 오빠 같은 사람들이 끌려갈 때 고등학생인지 중학생인지 모르는데, 모자 쓰고 아주 멋지게 학교 댕겼거든. 그런데 내가 애기 업고 댕기다가, 순택이네 집에 놀러 가면 오빠가 국문을 익혀줬어. 종이에다. 가갸거겨고교 …. 그렇게 그거 하라고 써줬어. 그래서 지금 이렇게 내 이름이라도 쓰고 읽고 그러지. 근데 그이가 죽었어. 그렇게 일본 놈 앞자리에 서갖고.

그때는 일이 많고 시집가서도 너무 일이 많고 그래서 뭐 종이떼기 하나 들여다 볼 새가 없어. 그런데 경기도로 오면서 맨 간판이 있잖아. 그래서 내가 순택이네 오빠한테 배워서 아는 글자가 나오나

하고 맨날 간판만 읽고 댕겼어. 그래서 익혔어. 그래서 지금은 쉽게 책은 봐. 글씨 작고 어려운 책은 못 읽어도 웬만한 책은 다 읽을 수 있어요.

일본놈들이 그 오빠들을 어디로 데려갔는지 모르지. 어렸으니까. 그렇게 안 오는 것만 알아. 집에서는 부모들이 그렇게 기다리고, 어머니 아버지들이 기다려도 기다려도 안 와. 일제 때 싸우는데 데려다가 한국사람은 앞에다 세우고 일본 놈들은 뒤에 서서 한국사람만 다 죽었다니까.

그래도 우리 동네에서는 여자들은 다행히 안 끌려갔어. 다른 데서는 여자들이 끌려가서 고생했다고 그러는데 우리 동네에서는 청년들만 다섯 명이 끌려갔지. 그러니까 순곤이 오빠라는 사람하고 구장 아들하고 둘은 장가가고, 다른 사람은 장가 안 간 사람들이야. 그렇게 끌려가 갖고 다 죽고 한 사람 살아 나왔다니까. 우리 동네 구장이 그래도 똑똑했었나 봐. 그러니까 처녀들은 안 끌려갔어. 하지만 그 구장 아들도 그 일본 군인으로 가고 죽어서 안 왔는데 뭐. 그 아들이 막 장가 들어갔고 이쁜 색시를 얻었어. 어려서 보면 그 색시가 얼마나 이뻤는지 …. 그런 색시를 두고 그 군인 끌려가서 안 와서 그 색시가 그냥 친정으로 갔잖아. 장가가서 얼마 안 됐는데 끌려 가 갖고, 색시가 …. 어려서 그런 생각이 나.

나락도 세어가는 나쁜 놈들

어려서 내가 잘은 몰라도 내 생각에는 일본 놈들 나쁜 놈들이라고 생각하지. 놋그릇도 가져가고, 먹으려고 농사지으면 쌀도 가져가고. 그놈들은 나락도 세고 댕겼어. 나락이 이렇게 패서 영글면 몇 개인가 나락도 세고 댕겼어. 그리고 먹을 거 감춰서 땅에다 묻어 놓으면 창으로 쾅쾅 땅을 찍고 다니면 울리잖아. 그러면 다 파가고 그랬어. 그래서 배곯고 살았지. 옛날에는 먹을 게 어딨어. 고향에서는 왜 그렇게 우리가 못 살았냐 하면, 우리 할아버지 때는 큰 부자였대.

우리 아버지 형제가 넷이야. 세상에 우리 엄마가 시집오니까 그때도 먹을 만치 사는지, 머슴이 둘 셋 있고 밥하는 사람도 있고 그렇더래. 근데 우리 둘째 큰아버지가 뭐를 했는지 솥단지 밑구멍까지 다 팔아먹고 만주로 돈 벌러 간다고 가 갖고 이때까지 안 와. 우리 엄마하고 아버지는 남의 땅 얻어 갖고 농사 지어 갖고 사니까 고생했지. 만주 간 그 둘째 큰아버지가 지금도 안 온다니까. 하하하.

우리 아버지가 남의 도지 논을 얻었거든. 도지 논 얻어서 농사를 지면, 좋은 것은 땅 주인이 다 가져가고 찌꺼기만 얻어먹잖아. 해방 되니까로 그래도 공출 없어서 먹고는 사는데, 그 남의 땅도 조금 있다가 우리 아버지 땅으로 됐어. 상환이라고 있어. 나라에다 상환을 부으면 그 땅이 내 땅이 돼.[2] 일제시대에서 해방되고 나서 그 땅이 우리 아버지 땅이 된거야. 그래서 먹고 살기가 괜찮아졌지. 그거 아니라도 해방돼서 우리나라를 찾았는데 얼마나 좋아. 내가 어려서는 모르지만은. 나라 뺏겨갖고 그놈들한테 그렇게 하대 받았는데, 해방되니까 좋지.

해방된 건 우리 아버지가 어디서 듣고 와서, "일본이 졌고 우리나라가 해방됐댄다." 그래서 알았지. 그게 촌이라 그때는 라디오도 없고 하니까. 동네 어른들이 해방됐다고 다 나와서 춤추고 난리 쳤어. 그러니까 칼 차고 이러고 무섭게 다니던 사람들이 다 없어졌어. 면, 지서에 일본 놈들이 있었거든. 그런데 싹 가고 없지.

여동생 먹을 젖을 남동생한테 멕였어

6·25 전쟁 나고 겨울에 눈이 많이 오고 인민군들이 그냥 북쪽으로 후퇴하느라고 밤이면 밤새도록 길을 저벅저벅 가요. 우리 집이 길가의 집이야. 밤새도록 구둣발 소리가 왔다 갔다 하고. 우리 엄마가 빨래를 이렇게 널어놨는데 다 걷어갔어요. 꽝꽝 얼은 걸 다 걷어갖고. 왜 그러냐면 그 인민군들이 말려갖고 발 싸게 하느라고 그랬대.

그때는 학교도 있고 경찰서도 있는 곳으로 피난을 갔어요. 밤에는 거기서 자고 낮에 집에 와서 밥 해먹고 일하고 또 저녁 다섯 시면 가라고 그러면 학교 쪽으로 피난 가고 그랬지.

그러다가 정월 초하룻 날 옷 곱게 입고 애들하고 널뛰고 놀려고

---

2) 북한의 무상몰수, 무상분배의 토지개혁을 의식한 이승만정권은 1949년에 '경자유전(耕者有田)'의 원칙에 따라 농지개혁법을 제정했다. 정부가 유상 매수한 경작지를 3정보(9천평) 이상 소유한 소작주에게 상환지가 15%를 5년 균분(연3%) 상환토록 하여 농지를 소유할 수 있게 했다.

나가려고 하니까, 피난을 가랴. 사흘 먹을 것만 갖고 가랴. 피난을. 그래서 집도 비우고. 피난 댕기다 그냥 개도 얼어 죽었어. 6·25 지내고 겨울에 또 2차 때(1951년 1·4후퇴) 또 피난을 갔었어. 2차 피난 간 곳도 내내 거기야. 금산.

원래 농사짓고 살았던 땅은 나중에 팔았지. 처음에는 그냥 사흘 먹을 거만 가지고 피난을 가라고 그래서 학교로 갔는데, 바닥을 이렇게 이렇게 디디면 울려. 그런 학교 교실에다가 몇 동네 애 어른을 다 갖다 놨는데, 업은 애기 울지, 겨울이니까 발 시려서 걸은 애기 울지, 젖떼기 울지, 그때는 왜 이렇게 추워. 그러니까 경찰들이 와서 알아서들 다 방을 얻으라고 그래. 그때는 그냥 너무 난리 통이라 뭐 주인도 없어. 그냥 무조건 들어가는 거여. 춥고 애들은 울고 그러니까. 그래서 우리는 이쪽에 방이 있고, 부엌을 주인하고 함께 썼어. 땅도 그냥 두고 집도 그냥 두고 피난을 가서 남의 집에 방을 얻어갖고 사는데 그 주인네 이쁜 머스매가 홍역 하다가 죽었잖아. 그러니까 우리 아버지가 남의 자식 죽은 데서 집주인한테 미안해서 애들 데리고 살 수가 없다고 나왔어. 그래서 폭탄이 떨어져서 집이 한쪽이 없어진 그런 집을 우리 아버지가 몇 푼 주고 사서 직접 부엌을 꾸며갖고, 그 집으로 이사 갔어.

내 남동생도 여동생도 홍역을 하는데, 그때는 약이 없어. 약이 없어서 내가 산에 산토끼 똥 주워 오는 심부름을 하는 거예요. 그때는 그중 내가 크니까 그게 약이라고 나는 약 찾으러 다니고, 어머니

아버지는 바람 쐬면 두 애들이 죽는다고 방에서 붙잡고 있었어요. 산에 토끼 똥 주으러 들어가면 왜 그렇게 무서운지. 그렇게 토끼 똥, 돼지 똥 탁탁 태워서 물에 우려 먹이고, 보리랑 까만 콩 볶아서 담궈서 먹이고. 아기들 열 내리라고 먹였는데 열이 내렸는지는 몰라. 그러니까 모두 죽지. 그래서 우리 여동생은 죽고 남동생은 살았어요.

우리 엄마가 자손(남자 아이)이 귀해. 아들만 낳으면 자꾸 죽었지. 그렇게 죽으니까 피난 가서 그 아들이 홍역을 앓으니까 아들이라고 맨날 어머니, 아버지 둘이 머시마만 끼고 있고. 여동생이 젖애기고 머시마는 커서 젖떼긴데, 밑의 여동생 젖을 남동생한테 멕였어. 그래갖고 그랬는지 어쨌는지 우리 남동생은 살았어. 여동생은 죽고. 옛날에는 아무래도 아들, 남자를 중시했으니까요.

그 남동생은 지금 살았으면 지금 일흔여덟인데 죽었어요. 그래서 지금 여동생 둘하고 나하고 서이만 남았어요. 옛날에는 아들 없으면 큰일 나는 줄 알아. 그러니까 그렇게 아들 하나 생기니까 두 내외가 그냥 그냥 얼르고 절르고 기르잖아. 아이유.

꽝꽝 폭격 속에서 처음 보는 남자와 결혼

그러다가 6·25 때 빨갱이들이 잡아간다고, 17살에 일찍 지출(시집) 보냈다고. 내가 도시에서 살지 않고 산골에서 살았어. 근데 빨갱이들이 산속에서만 있었잖아. 그래 처녀들 잡아간다고.

그래 6·25 나고 나서 결혼했지. 결혼 중매도 우리 오촌이 했대.

우리 오촌이 그 시아버지하고 같은 서당을 당긴 친구래요. 그래서 17살 먹어서 시집을 갔어. 그때는 머리가 숱이 많아서 머리를 여기까지 땋고 댕기 드리고. 키는 지금이나 똑같아. 처녀 같지 뭐. 그러니까 사람들이 오면 얼굴을 안 보고 "아이고 처녀 이쁘네" 그러면서 머리부터 탁 잡어. 지금은 머리가 다 빠졌지. 그때는 머리숱이 많았어요. 까만 머리에다가 그냥 탐스럽게 따갖고 철렁철렁하니 궁둥이에 닿게 땋았어요. 빨간 댕기는 철렁철렁하고 키는 크지. 나이는 어려도 그렇게 처녀같이 다 컸으니까 빨갱이들이 데려간다고 그랬어. 그래서 그렇게 일찍 결혼을 한 거야.

나 결혼할 때는 신랑 얼굴도 모르고 결혼했지. 그때는 난리 통이라 사방에서 여기서 저기서 폭탄이 꽝, 꽝꽝 울리는 가로 방에다가 결혼 날 저녁에 이불을 이렇게 문에다가 치고 첫날밤에 잤어. 밤에 불빛 비치면 폭격 당하니까.

결혼한 다음에 남편은 전쟁에 군인으로 갔지. 나는 17살이고 그 사람은 25살이야. 8살 차이. 9월에 시집을 갔는데 2월에 군인을 가더라고. 서로 그때 어렸어. 그 사람이랑 낯도 안 익어서, 신랑도 모르고 철부지니까.

그때 신랑이 전쟁에 그냥 끌려가더니만 사람은 안 오고 집에 옷만 왔어. 남편이 전쟁에 끌려간지 한 1년 만에 파편을 맞아서 제대 해갖고 왔어. 그때 난리 때 무슨 폭탄을 맞아갖고 이 몸땡이가 전부 그냥 파편이 배겨갖고 집에 와서 그게 다 곪아서 터지는데,

말도 못해, 쇳덩어리가 속에 들었으니. 여기가 이렇게 붓고. 그때는 병원도 없고 그러니까 동네 침놓는 사람, 데려다가 째면 그 파편이 나와. 칼로 째서 짜면 고름이 쭉 나오면서 그렇게 파편이 빠져. 이제 짜부러지고 짜부러지고 그러더라고. 그렇게 죽을 건데 살아서 왔더라고. 전라도 지리산 가서 싸우다가 그랬대. 그때는 지리산서 낮에는 한국 군인들이 기를 꽂고 밤에는 이북 놈들이 기를 꽂을 만큼 치열했대.

남편은 그때 부상한 건 그렇게 터져서 짜서 괜찮았지. 내 신세를 한탄하자면, 군인 갔다 온 사람하고는 헤어졌어. 살다가 자손이 없으니까 자꾸 기집을 얻어서 헤어졌어. 그래갖고 엄마를 따라서 인천 와서 다시 2차 시집 와갖고 딸 하나가 있어. 살다 남편도 죽고 시어머니 시아버지도 죽고 나 혼자 이제 농사짓고 살다가 아파서 여기 온 거야. 다리가 이렇게 붓고 허리는 또 다쳐서 아프고 그래서 요양원으로 왔어요.

전이분례 할머니(군산)

내가 헐게, 엄마 배부른께

나는 97살이고 1928년에 군산 옥산에서 태어났어요. 내가 이쁘다고 부모님이 이름을 예쁘게 지어주셨어요. 옥산이라는 동네서 살다가 회현으로 가서 결혼했지. 우리 아버지는 농삿꾼이었어. 우리 형제가 딸이 다섯에 아들 하나, 6남매인데 내가 제일 맏이여.

그 당시 부모님은 농사지으시고, 나는 애기 때부텀 동생을 업어주고 청소하고 밥해 먹고 어려서도 그런 것만 했어요. 애들이 많아서 애기 보라고 헌게. 엄마는 애기 좀 봐주고 밥을 먹고 모심으러 가고, 또 훈련했거든. 일제시대가 들어 왔었잖아. 그래서 이제 밤이면 훈련을 혀.

엄마는 밤에 "훈련허러 나간다"고 그려. 그러면 내가 "훈련 어디로 가?" 물은께, "회현으로 훈련허러 간다. 집에 애기들 잘 봐라." 그러고서 있은께로 가깝하잖아. 궁금해서 그 훈련소를 가 봤어요.

그런데 여자들이 배가 이만해부러. 애기 밴 사람이 한둘이 아녀. 여자들 애기 배가지고 배가 이만썩 한 사람을 훈련을 시키네. 그러면 배 불러갔고 훈련을 잘 허겄어? 찔뚝쩔뚝 찔뚝쩔뚝 이렇게 하면은 또 일본 놈이 때려. 잘 허라고 때려. 그러면 엎어졌다가 일어나서 이렇게 또 훈련허고. 그러면서 행진하는 훈련도 해. 마에 스스메(앞으로 갓!) 마에 스스메(앞으로 갓!) 하고 일본말로 하더라고. 그런데 임산부 훈련을 너무 …. 그렇게 보다가는 울었어. 한번은 우리 엄마를 보다 못해서 내가 한다고 했어. 그래서 "내가 헐게. 엄마 배부른께." 그랬더니 못 하게 혀. "너는 못 한다." 그러더라고. 그렇게 그런 꼴을 봤어요. 남자들은 안 하고 여자들만 혀. 동네 회관 같은데 모여서 다

배불러갖고 뚬부적 뚬부적한 사람들이 훈련을 하더란께. 그러고 와서 자려면 아파서 대건헌께(힘드니까). 배는 부르고 욕봤어. 엄마들. 그렇게 세상을 복잡하게 살았어.[1]

쌀 공출 사람 공출, 말도 말아 고생하는 소리

나는 학교 문 앞에도 못 가보고 야학도 못 가보고 아무것도 못 하고, 그냥 애기 보고 걸레 빨아서 방 닦고 빨래하고 밥해 먹어. 그것도 바뻐. 그것도 늦게 한다고 혼나.

그때도 학교 다니는 애들도 있었어. 겁나게 부자나 갔지. 우리같이 가난한 사람은 가도 못 허고. 가면 좋아 보이지만 아무라도 못 가지.

나는 학교에 나가지 않으니까 배우지를 못해서 일본말 안 혔어. 집에만 있으께. 한글도 몰라. 지금도 몰라. 그냥 살아요. 동생들 보고 집안일 하다가 결혼해서 또 시부모 모시고 아이 키우고. 긍께 언제 할 새도 없었고.

우리 아버지는 농사지었어. 촌에서는 농사지. 그때는 논도 나락을 가서 세면 이만큼 나오고, 많이 나오도 안혀. 비료가 없으니까 풀 뜯어다가 섞어주고 그러더라고.

그때는 공출도 많이 혔어.

쌀은 공출 혀가고 강냉이 가루를 배급 줬어.[2] 배고플 때는 강냉이

---

1) 군산 근대역사박물관 김중규 관장은, 일본인들이 조선의 젊은 남성을 징병, 징용으로 끌고 가버렸기 때문에 남자가 없는 시골에서 부녀자들이 자치할 수 있도록 소방 훈련, 간호 훈련 등을 시켰다고 한다. 그 훈련 내용 안에 행진 등의 기본적인 제식훈련이 포함되어 있었을 것이라고 설명했다.

쪄먹고 죽 끓여 먹고, 깻묵은 밥해 먹고. 쌀 넣고 깻묵 넣으면 맨 깻묵이지 쌀은 없어. 그것도 못 먹겠어. 질려. 냄새나 깻묵내. 깨가 아니라 무슨 콩가루 같이 노란합디다. 그런 게 이렇게 밥에 허치는 것 같은 것을 깻묵이라고 주는디, 노란해 갖고 넙적넙적혀. 여기 깻묵이 아니랑께. 먹을 게 없으니까 그런 거 먹었어. 먹고 나면 골치 아퍼. 안 먹은 사람이 많혀. 아유 말도 말아. 고생하는 소리.

내나 일본에 안 잡혀갈라고 열일곱에 시집을 갔지. 남들은 일본에 끌려갔다는 소리 들었지. 끌려가면 그냥 데려 간다더만, 어디로 끄시고 간다더만. 일본에 데려가 버린다고 그러더라고. 공장 간다고 데려가서 일본으로 끌고 간다더만. 공장을 가는지 군대를 가는지, 뭘 하는지 몰랐지. 그때는 어려서 시집간 게, 밥이나 해 먹고 빨래나 하고 일만 하지. 넘의 소리를 듣들 못혔지. 어디를 오고가고 혀야 듣지.

남자들은 징용 가고 그런 거 있었어. 모집 가라 그러는데 안 나가면 와서 잡아가. 모집 가면 어디 갖다 놓고 뭐 일을 시킨다더만. 해방돼서도 거기서 못 나오고 죽은 사람도 있대. 어렸으니까 얼마나 죽었는지는 모르지만, 많이 죽었다고 하더라고.

내가 결혼을 헌께로, 농사를 짓는데 우리 시아버지에게 공출을

2) 일제는 제1차 세계대전 승전국이 된 후, 군량미 조달과 국내정세 안정을 위해 쌀 수급이 절대적이었다. 1934년에는 조선에서 생산한 쌀 1,672만 석 가운데 60%인 891만 석을 일본으로 수탈해 갔다. 일제의 산미증식계획으로 일제 36년간 미곡생산량이 약 2배 증가했지만, 1912년에서 1936년 사이에 한국인의 1인당 미곡소비량은 0.7188석에서 0.4017석으로 더욱 저하, 악화되었다.

다 하라고 혀. 혔는디도 안 했다고 혀. 이미 했응께 안 한다고 허고, 인자 감추고 먹어. 나락 같은 거는 그 전에 젓구덩이(쌀겨 구덩이)가 있어요. 그 젓구덩이에 이렇게 파고 묻어놓고 감추고 먹었어. 안 그러면 다 뺏긴께. 그러면 순사가 젓구덩이에 와서 이렇게 이렇게 창대로 팍팍팍팍 쑤셔 넣어. 다 파내가. 파내가고 때리고. 또 시아버지를 데려다가 아이고 저그 갖다 놓고 막 때려. 감춰놓고 안 냈다고 또 때리고. 그렇게 세상을 살았지.

일본사람들이 공출하라고 시키니까 혀야지. 무서우니께. 그렇게 일본사람을 보고 살았어요.

그렇게 다 가져가면 먹을 것이 있어야지. 배고파서 못 살아. 긍께 막 그 누렁 깻묵을 준다고 나와. 그것 뜯어먹고. 하이구. 그렇게 고생하고. 그렇게 공출해서 다 뺏기고, 우리 시아버지가 갖다가 후두려 맞고 ….

일제강점기 군산항(출처: 대한민국역사박물관 현대사 아카이브)

일제시대 때 일본사람들 밥그릇 놋그릇 있으면 다 가져가. 사 간다고 다 사 가버려, 싸게. 뺏어가든 안혀. 근데 파는디 돈을 조금씩 주고 가져가지. 다들 잘 팔대. 우리도 팔았어. 그때는 우리도 돈이 귀한께. 시어머니 것, 시아버지 것, 내 것 다 팔았어. 닦아 먹기 귀찮으니까 판다고. 밥그릇 팔고 난 후에도 수저도 다 사가, 싸게 주고. 사다가 뭐 허는지 모르는데 다 사 갔어.

한국사람들이 일본사람들을 나쁘다고 비난했다고 뭐라고 그러는데, 맨날 우릴 훈련시키면서 팼으니께 나쁘다고 허지. 다.

군산에 일본사람들 많이 살았답디다.[3] 나는 일본사람을 접촉 안 해봐서 몰라.

일본 집에서 심부름하다가 해방되고 일본사람이 가버린께 일본사람이 살았던 집을 저희집 명의로 해서 부자 되었다는 말이 있어. 말만 들었지.

일본사람들이 일본으로 돌아갈 때, 한국사람들이 좋다고 하지. 일본 사람들이 갔응께. 웬수들 갔다고. 일제시대 때 한국사람들 때리고 그랬으니까 누가 좋다고 혀. 뺏어 갔싸코, 공출혀 가고.

긍게, 우리 어머니랑 아버지는 일제시대 때 얼마나 고생했겠어. 나는 어렸으니까 잘 모르는디. 그 배에 임신한 상태로 훈련을 하니

---

3) 군산은 조선을 먹여 살린 곡창지대인 전라도의 쌀을 일본으로 실어나르기 위한 대표적인 식량 수탈 항구였다. 일본은 정책적으로 군산에 조선은행, 상공회의소, 군산세관, 미두시장 등 '식민지 타운'을 조성했다. 군산은 1930년대에 일본에 반출한 조선 쌀의 20~30%를 차지한 최대 쌀 반출항이었고, 국내 조세수입의 절반 이상을 차지할 정도로 경제적 비중이 큰 곳이었다.

아줌마들이 얼마나 고생했겠냐고. 훈련을 왜 시키는지 우리도 몰랐어. 엄마들을 왜 훈련시켜. 어따 써 먹을라고.

애기 엄마인께 못 데려간다

그러다 해방되고 나서는 배급을 주더만. 수수 같은 거 보리 같은 거. 안남미쌀 같은 걸 배급이라고 줘. 쪼끔씩. 일제시대 때는 안 주고 해방되고 나니 잡곡을 줘. 면에서 나와서 쪼끔씩 줘. 해방되기 전에 그때는 쪼들려서 얼마나 고생을 오래 혀. 일제시대 때 다 뺏겨버리고 없은께. 빚져갖고 먹을 것이 없으니까. 배고픈께. 빚져서 안 먹고. 그 전에는 빚도 한 해 쌀 한 가마니 빌리면 두 가마니 줘야혀. 그렇게 빚을 지니까 먹고 살 것이 있어야지.

그래 갖고는 인자 해방돼서 일본사람들 들어가고 또 6·25가 왔잖아. 또 난리가 나는데. 하이고.

나는 결혼 해갖고 가서 19살 먹어서 애기를 낳았어요. 첫애를 낳고 있는데, 우리 아이가 또박또박허니 좋아요. 터벅터벅 예쁘고. 그런데, 6·25가 왔다고 하더만은 미국 사람도 집에를 방문 댕기더만. 집으로 와. 사람이 세 명씩 댕겨. 왜 오냐하면, 아가씨나 각시를 또 잡아간디야. 그렇다고 와서 나를 보고서는 나를 잡아간다네. 그렇게 우리 시아버지가 애기를 나한테 안겨줌서 "이 사람이 애기 나서 애기 엄마인께 못 데려간다"고 그렁게 그냥 갔어. 미군들이 와서 그러더라고. 무서워.

이제 모담들 피난을 가는데 나가서 죽으나 여기서 죽으나 한가진 게 시부모랑 같이 죽으면 죽지 안 간다고 안 갔어.

그냥. 피난 가다 죽은 사람, 잽힌 사람. 나가서 거기서 잽혔으니까 모르지. 행방불명 됐지, 인자. 폭탄 쏴갖고 다 뒤집어지고 시끄럽고 난리나. 폭탄이 저 동네 저짝으로 떨어지지. 팍팍 떨어지면 눈이 뒤집어지고 저짝 다리가 부서지고 그랬지. 하이고, 폭탄을 져그다 떨어쳐, 논에다가. 그때 어떻게 말 다 혀. 몰라. 잊어버렸어. 기억도 안 나요.

우리 남편은 나 시집가서 19살 먹던 해에 애기 낳고 그 이듬해에 6·25 전쟁 나서 군인 가라고 헌게, 안 갈란다고 도망 다니다가 잽혀 가갖고 인자 막 실컷 후두려 맞고 군인을 갔어요. 군인 후딱 안 왔다고. 핫따 징그라 징그라. 그래서 군인 가갖고 5년 만에 왔는가, 6년 만에 왔는가. 휴전된 게 하루 이틀 휴가를 왔더만. 나 고생 많이 혔어요. 그렇게 휴가 왔다가 또 갔지. 또 가갖고 낭중에 제대해서 와서는 아기 둘 낳고 살다가 죽었어. 군인 가갖고 고상을 얼마나 했는가 어디 굴러가다 떨어져서 아프고 그래갖고 골병들어 갖고 왔어. 그래서 그길로 그냥 아파 갖고 못 낫고 죽었어. 참 하여튼 나같이 고생한 사람 없어.

독립운동가는 이제 빨갱이라고 다 데려가

6·25때 이북사람들이 와갖고 집에 와서 다 뒤지고 지랄이여. 뒤지면 쌀도 퍼가고 옷도 있으면 다 가져가고 싹 가져가. 있는 대로 다 가져가. 안주면 후들겨 패고. 긍게 주야혀. 안 주면 못 전뎌.

6·25때는 일제시대 때 독립운동했던 사람은 다 데려가. 빨갱이 사상이 있다고. 이북빨갱이 표라고. 그 사람들 다 잡아다가 강변에서 다 총 쏴 죽였어. 사람들을 갖다 놓고 다 총 쏴 죽여버려. 빨갱이를 잡아다가 한국 군인들이 그렇게 죽이고.

민간인이 빨갱이 꼈다고, 공산주의 사상을 갖고 있다고 죽이고. 그때 다 죽었어. 많이 죽었어. 우리 집안은 그런 거 아니었어. 그런데 이웃들은 많이 죽었어. 열 집 중에 너댓 집은 당혔어. 그때 사람 많이 죽었어. 경찰이 갖다 죽여. 경찰들이. [4]

나는 봉사라도 새끼는 가르쳐야지

우리 형제가 여섯인데, 우리 아버지가 다 안 가르쳤어. 안 가르치고 남동생만 가르쳤어. 다섯 명이 다 까막눈이여. 다섯 명이.

결혼은 내가 제일 먼저 했지. 17살 먹고 남편 19살 먹고 만났는디 뭣을 알것어. 그러니까 좋은 것도 나쁜 것도 모르고 시어머니 계시지, 시아버지 계시지, 시아자('시아주버니'의 사투리), 시누, 남편, 나

---

[4] 군산 근대역사박물관 김중규 관장은, 당시 공산당이 점령하면 군인이나 경찰 가족을 죽이고 국군이 점령하면 공산당에 협조한 사람들을 죽였다고 설명했다.

사는데 부끄러워서 밥도 제대로 못 먹어. 내가.

그리고 남편하고도 말도 안 혔어. 부끄러워서. 그러다가 어떻게 해서 새끼를 하나 배갖고, 아이고 참, 애기를 낳았어. 그래가꼬 아기 낳으니까 못 살겄어, 넘 부끄러워서. 남편은 좋은 것도 모르고 나쁜 것도 모르고 싸움도 해본 적도 없고 그렇게 살았어. 시어머니 시아버지하고 벌벌 떨다가, 그러다 남편은 군에 잡혀 가갖고 언제 얘기 해보겄어. 5년 만에 휴가 한번 와갖고 언제 살았겄어? 난 남편하고 못 살어. 팔자에 닿았응께 자식만 몇 낳았지. 남편 사랑도 모르고 돈도 모르고 아무것도 몰라. 내가 내 손으로 벌어서 내가 먹고 살았지. 남편 돈이라면 100원도 몰라. 그렇게 인덕이 없어요. 나 33살 먹어서 남자는 35살 먹고 죽었어. 젊을 때 뭣을 살았겄어. 군대 갔다가 이제 아기들만 셋 있고 시어머니, 시아버니, 시아자, 시누 그렇게 놓고 아파서 죽었어. 그래서 내가 모시고 살았지.

나는 가마니 짜고, 농사일 댕기고. 논도 없었어. 넘의 논농사를 지어서 먹고살고, 가마니 짜가지고 애들 키우고 부모 모시고 살고.

여기서 가장 중한 것은 자식을 가르쳐야 할 거 아녀? 나는 봉사라도 새끼는 가르쳐야지. 어떻게 어떻게, 내가 계 들어갖고 조금씩 넣어갖고 계 들어서 다시 또 가르치고. 그러구 사는 것이 이렇게 오래 살아요. 내가. 나 참 신기혀. 어떻게 살았는가 몰라요.

쉴 새 없이. 밤에는 밤새도록 일하고 낮에는 하루종일 가마니 짜고. 저녁에 바느질하고 시아버지 시어머니, 노인이 되어서 추운께

핫것(솜옷) 맞추고 젓것(겹옷) 맞춰 입혀야 혀. 어떻게 했는가 꿈속 같아요. 무서워, 무서워.

시아버지 시어머니 다 오래 살았어. 손자며느리 얻고 돌아가셨어. 시어머니는 93살 잡수시고 돌아가시고, 시아버님은 83살인가 돌아가시고 오래오래 살았어. 내가 다 모시느라 욕봤어. 나 고상 무지한 사람이여.

모집 안 가려면 시집가라

옛날에는 결혼을 어떻게 하냐면, 엄마 친구들이 소개하면, 시어머니가 선을 보러 오더만. 선보고 가갖고 이제 또 초대를 하더만. 이짝도 아버지가 와서 아들 머스마를 보라는 뜻이고. 그래서 아버지가 머스마 보고 와서는 시집가라고 허대.

참 나 별꼴 다 봤어. 안 간다고 울었어. 그래도 울어도 할 수 없어. 모집 안 갈라면 시집가야 한다고 그려.[5] 그래갖고 남자라고 내 맘에

---

5) 일본은 1937년 중일전쟁 이후 위안부제도의 규모를 확대해 나갔다. 1941년 태평양전쟁에 돌입하면서 동남아, 태평양 일대까지 일본군이 점령한 지역에 위안소를 설치했다. 학자들은 위안부가 8만~20만 에 이른다는 데 동의하고 있다. 이러한 위안부 정책은 일본군 중앙, 육군성 병무국, 의무국 등이 세우고, 헌병 경찰조직이 인신매매업자, 대부업자와 결탁하여 모집하거나, 가족에게 선금을 주거나, 간호나 식당일이라고 속이거나, 유괴나 폭행의 방식으로 연행했다.

처음에는 일본인 유곽 여성으로 시작했지만, 부족한 인원을 메꾸기 위해 조선인, 대만인, 중국인 등도 동원했는데, 위안부의 대부분을 차지한 것은 전쟁 수행시 기밀유출 위험이 적은 조선인이었다. 일본 여성에게는 집안의 남성만을 따르고 섬기게 하는 가부장제를 적용했지만, 식민지 여성에게는 천황이 치르는 전쟁을 위해 성노예를 강요하는 이중적 가부장제 행태를 보였다.

일제 강점기에는 여성 근로정신대라는 명분으로 위안부를 모집하고 있었지만, 당시 사람들은 이러한 처녀 공출이 성적 동원임을 모두 민감하게 알고 있었다. 당시 우리 여성들이 직접 성노예 피해를 입은 사람도 고통이었지만, 이를 피하려고 조혼한 신부들도, 어린 나이에 시집살이하고, 결혼 상대자인 남편이 징용, 징병 가서 이른 나이에 과부가 되는 고통을 겪어야 했다.

들지 않았는데 갔어. 암만 어려도 시집가랴. 본께 마음에 안 들대. 결혼하는 날, 저놈의 머스마 어떻게 되는가 본다고 내가 궁금해 가꼬, 문에 눈구멍을 뚫고 본께, 참 풍신 나게(볼품없게) 생겼어, 남자라고. 사람은 찌간하지, 큰 말은 타고 와야지, 춥기는 하지, 빼빼한 것이 그게 얼마나 거시기 했겠어. 에라, 참 내가 너 같은 사람이랑 살면 어떻게 할 거냐 싶은 게 눈물이 나는 거여. 그래갖고 가서 살았어. 사는 것이 이렇게 살았어. 그때 안 갔어야 허는디. 공출 안 갈라고 갔지. 안 잡혀 가려고 갔지. 뭐 가고 싶어 가? 에이 그래갖고 남편도 나를 모르고 나도 남편 모르고 살았어.

동네에 나를 좋아하는 사람도 있었어. 나를 막 쫓아 댕기고 그랬어. 그 사람은 마음에 들더라고. 그런데 나 원하는 사람한테 간다고 부모한테 말도 못하지. 부끄럽고 무서워서. 그렇게 살았어. 참 나 별세상 다 살았어요. 일도 안 해본 일이 없고.

시방 같으면 군인 가서 5년을 안 오면 색시가 도망갈 거 아냐. 나는 도망갈 지도 모르고. 넘들이 "아무게 아빠 죽었다, 시집가라", 그래도 안 간다고 그랬어. 애기만 보고 산다고. 그렇게 사는 것이 여태까지 이렇게 살아. 오래오래 살아 이렇게.

그래도 엄마 불쌍하다고 우리 아들이 잘해요. 아들 여워갖고 효도할 때가 좋더라고. 나를, 엄마를 막 이렇게 떠받든 게. 지가 내가 살아 온 걸 보고 알고.

나는 다음에 천국 가갖고 좋은 남편 얻어 가고 싶어. 그것이 소원이여. 똑똑한 남편, 인물도 이쁘고, 건강하고. 아이고 소원이여. 진짜로.

김옥련 할머니(정선)

지집아 공출 피해 열다섯에 시집

나는 1927년생 퇴끼띠고 98살이야. 퇴끼띠가 새벽에 났기 때문에 어디 가면 먹을 게 많이 생기는 거야.

강원도 정선에서 태어났고, 부모님은 농사지으셨어. 7살 먹어 어머니 재혼 가고, 12살 먹어 아버지 돌아가서 부모 사랑을 모르고 자랐지. 부모님을 일찍 여의고 일제시대에 지집아(기집애) 공출 보낼 적에 일본에 안 붙잡혀 가게 할라고 우리 고모, 고모부가 시집을 새벽에 보냈어. 너무 일찍 보냈다고. 공출 안 갈라고 내가 15살 10월에 시집을 왔다고. 형제는 나 하나, 외동딸이야.

누가 가르쳐줄 사람이 없어서 학교도 못 가고 내가 그렇게 컸어. 결혼하고는 가족이 생겨서 좋았지. 남자 형제 셋에 시누 한 분 계시고.

남편은 89살에 돌아가셨어. 내가 어려서 시집가니 철을 모르니까 부모처럼 나를 사랑해 줬어. 열다섯 될 때까지 정선에서 오촌하고 지내다가 거기서 결혼해서 나왔지. 남편 나이 24살 영월 사람이야. 나이가 9살이나 차이가 나는데 내가 철대기가 하나도 없어. 그냥 길 뛰고 날 뛰고 내가 그렇게 못됐었다고.

남편은 농사꾼이야. 농사꾼이 농사꾼한테 간 거지. 남편이 해방되니까 "보국대 좀 가라 할 때 가봤으면 일본 귀경을 좀 하는데." 그 소리는 해도 그렇게 안 갔어요. 주변에도 보국대로 징용 다녀온 사람도 없었구, 공출당한 사람도 없었어.

동네가 인심이 좋고, 또 우리 외갓집이랑 고모부네가 면이나 군에서 일했기 때문에 붙잡혀 가고 뭐 그런 일은 없었어. 우리 남편은 군대도 안 갔다니까. 그러다가 해방되니까 그냥 남편이 고향으로 간다고 해서 영월로 가버렸지. 정선에 있다가 21살에 영월로, 이제 원래 시집 근처로 온 거여. 영월에서 41살에 또 여기로(여주 감곡) 오고. 그리고 이제 여기서 일생을 마치는 거야. 충청도는 양반 사는 동네야.

여자는 공부하면 무당 된대

학교는 못 갔는데 어려서 우리 집에서 야학을 가르친다고 그래요.

우리 할아버지가 한 분 계셨는데 야학을 가르치신다고. 그래서 어머니보고 "야학 좀 배우면 안 될까? 배우고 싶어", 그랬어. 그런데 우리 어머니가 재혼 가버렸잖아. 여기 큰할머니가 계셨거든.

큰할머니하고 오촌 댁하고 그렇게 당겼어요. 이틀 만에 내가 가갸거겨를 다 뗐거든.

사흘 만에 가니까는 "야, 아무개는 머리가 너무 좋아서 상장 준다."고 그래. "상장이 뭔대요?" 그러니까 공책 두 권 하고 연필 두 자루 준다고 그래.

아 그걸 우리 할아버지가 못 가게 하는 거예요. 여자는 공부를 하면 무당 된대. 학교에서 아이들이 무용하잖아. 그걸 가지고 춤춘다고 그래가지고선 이틀 가고 못 가고 그건 끝났어. 후회가 막심해요. 내가 앉아서 글씨 쓰는 것도 손가락으로 잘 써. 아무도 모르게 완전 흙에다 대고 만날 여기 다 써. 종이에 하면 혼나니까. 가만히 놔둬서 나도 공부 좀 더 했으면 얼마나 좋아.

'히라가나'보다 '가갸거겨'가 제일이지

그러다가 결혼해서 거기 고향 정선에 있을 때 남편 일하는 데서 일본사람을 본 적이 있어. 동네에서 붙잡아다가 가르치는데, 히라가나까지 배웠어. 꼬라지가.

가타카나 배우고 삥삥 돌려서 쓰는 히라가나 배웠는데 하나도 못 해. "이랏샤이(어서 오세요)!" 이렇게 가면 "이랏샤이!"

"스와레(앉으세요)."

일본사람이 이 단추를 가지고 보당이라고 그러더라고.

"다레노보당데스까 (누구 단추입니까?)" 이러니까,

이제 우리는 "센세이노보당데스 (선생님 단추입니다.)"

이렇게 대답해야 하는데 한 분이 옆으로 새 가지고,

"센세이노보지데스." 이러니까,

아 그짝 반 남자들이 이제 여자들한테 "아이고 선생도 보지가 다 있구나!" 그것 보고 그 난리 치고 웃잖아요. 그런 거 기억해.

일본 선생이 이 반 와서 가르치고 저 반 와서 가르치니 어떤 놈인지 똑똑히 알기는 하고 댕기나? 한 50~60대 된 남자 선생이 월급 타 먹으니까 친절하게 가르치기는 했지. 그냥 그냥 히라가나 가타카나 이런 것만 가르치고. 비 내리는 걸 '후리다시마시다(내렸습니다)'라고 그러던가? 비행기를 '히꼬끼'라고 그러고. 그런 걸 가르쳐주지. 일본어 수업은 몇 달 배우다가 말았어. 공회당에 사람 모아가지고 가르쳤어. 시방 생각하면 그까짓 일본글 배워서 뭘 헐껴. 우리 조선글을 배워야지. 배우러 오는 사람은 여자가 한 열 명 넘고 남자는 한 이십 명 되는가 봐. 여자가 작아. 그냥 못 배운 사람들이 이제 그거 좀 배워보려고 가서 얼쩡거렸지. 근데 나중에 생각하니까 다 필요 없어. 그래도 가갸거겨가 제일이지.

공출하고 서로서로 동정하지

일제시대에는 그렇게 집에 쌀을 놓고서는 못 먹잖아. 손님이 오던지 아침에 늦게까지 자다 보면 아침밥을 못 하는 거야. 저기 사람들 안 볼 때 몰래 새벽에 땅바닥 가서 떠다 놔야 돼. 사람들이 이제 거름집(퇴비를 보관해 두는 헛간)에다가 다 항아리를 묻고서 거기다 쌀, 좁쌀을 잔뜩 묻어 놨다가 새벽에 가서 그걸 떠다가 밥을 하는데, 자다가 잊어버리고 깜빡하고 안 떠다 놓으면 아침밥을 못 먹어. 사람들 다 볼 때 어떻게 쌀을 떠와. 일제시대에는 집에다 쌀을 놔두면 공출로 다 빼앗기니까 그렇게 쌀을 거름집 땅에 묻었다가 몰래 가져와서 먹었지.

해방은 됐는데 정신이 하나도 없고. 해방됐다고 뭐 소 잡아먹고 개 잡아먹고 난리 치니까 뭐 어떻게 되는지 모르지. 아, 우리 집 양반이 소고기를 이만치 갖다주는 거야. 이만한 고기 뭉텡이를 달아매려고 바닥에 놓고 칼로 찔러도 되는데 이 고기 뭉텡이를 들고서 칼로 찌르니까, 그 칼이 손가락을 냅다 베었잖아. 내 그걸 안 잊어버려.

그런데 일본 놈이 나가고 그 담에 무슨 한국사람 들어서가지고 난리 칠 적에 야단은 더해. 더 잘난 척해. 밥을 하면 시래기나물이라도 삶아가지고서 콩가루라도 묻혀서 밥에다가 이거로 덮어야지, 솥을 와 열어보고 쌀밥만 하면 대번에 훔쳐 가. 어떤 놈이 훔쳐 가는지 모르지만.

일제시대나 해방 후나 힘든 거는 똑같애. 시방은 안 그래? 다 저

잘한다지 뭐 못한다는 사람이 어디 있어. 다 내가 잘한다고 하지.

우리는 그저 쌀 공출하라 하면 공출하고, 유기 공출해서 바치라고 하면 유기 공출 바치고 하라는 대로 하니까 뭐 아무 지장 없지. 공출할 때도 공출해 가는 사람이 오는 게 아니고 우리가 갖다 바치지. 공출하고 서로서로 동정하지.

시방이나 옛날이나 서로서로 밥해 먹고 죽 끓여 먹고. 아무개는 쌀이 떨어졌대, 아이고 며칠을 굶는대, 하며. 산골에 가서 도토리를 주워다가 고아서 먹든지 콩을 사다가 콩탕을 해서 먹든지 부황은 안 나게. 그래도 이제 봄이 되서 나물 나오면 나물 뜯어다가 먹고 농사 여전히 지으면 되잖아. 이제 쌀을 안 뺏겨도, 없는 사람은 그거 뜯어가지고 연명해야 돼. 시방이나 옛날이나 있다고 다 있는 게 아니고 없다고 다 없는 거 아니잖아. 시방도 있는 사람은 있지만 없는 사람은 또 참 하루라도 꿈쩍 하지 않으면 안 되니까.

젊어서는 밭에 가서 밭매고 논에 가서 논매고 하느라고 정신이 하나도 없지. 그래야 배불리 먹지. 정신없이 사느라고 세상 돌아가는 거는 모르고 살았지. 그것도 나서서 좀 펄럭거려야지 세상 돌아가는 걸 알지.

6·25 전쟁 피해서 소백산 60리 길

그러구나서 농사짓고 이제 재미있게 살라고 하니까 또 6·25 동란 났잖아. 음력 5월에 겨우 피난 간다는 게 소백산까지 갔다 왔어요.

그 더운데. 우리 아버님 할아버지 기일인데, 음력 5월 보름날 막 큰길에 소하고 사람하고 왜 그러는가 했더니 냉중에 보니까, 난리가 나가지고서 피난 나온 거예요. 그래가지고 우리 집 바깥양반은 할아버지 제사 보러 큰집에 가서 오지는 않았지. 아이고, 몸이 달아 들락날락 들락날락하다가, 딸 하나 업고 하나 걸리고, 우리 바깥양반하고 그 3형제하고 피난을 갔어. 짐 간단히 지고 저 영천, 단양으로 해서 소백산 넘어 풍기, 순흥까지 간 거지.

갈 때는 재를 넘어가니까, 소백산 넘어가자면 올라가는데 30리 내려가는데 30리, 60리여. 그 산이 꼴은 그래봐도. 아무리 따신 날도 비가 슬슬슬슬 오고, 해 나는 걸 못 보고 그래. 그 재도 넘어가 봤어. 거기 있어 봐야 농사를 못 지으니까, 그냥 집으로 돌아와 농사를 여전히 지었지.

시쳇더미를 넘고, 내 아이도 끌어 묻고

농사짓다가 동짓달에 또 피난 갔잖아. 두 번 갔잖아. 나는 피난도 못 가고 있는데 우리 집 바깥양반이 남자들 셋이 나가면서, 집이나 보고 소나 잘 먹이라고 그러고 갔어.

아, 그날 저녁에 문이 팍 열리대. 깜짝 놀라서 쳐다보니까, 군인들이 총을 들이대는 거야. 왜 피난 안 가고 있느냐고. "당신 남편 어디 갔느냐?" 그러니까 얼른 대답한다는 게 "군인 갔어요." 그러니까 언제 갔냐고 해요. "올봄 유월에 갔어요." 그렇게 답변이 나오더라고.

내가. 거짓부렁을 한 거지. 아이고 가슴이 콩당콩당콩당. "그래 혼자 사느냐?"고 그래. "혼자 살죠." 그러니까 "왜 피난 안 갔느냐?" 그래. "아이들 데리고 어떻게 가냐. 아이들하고 나하고." 그러니까, 안 된다고 해. "여기 있으면 우리한테 죽지 않으면 이북 놈들한테 죽는다."고. 살려두면 이북 놈들한테 밥해준다고.

아, 그래 그 소리를 듣고 또 가만히 있을 수 있어? 그래가지고 우리 큰딸이 여섯 살 먹었는데, "정자야, 너 애기 데리고 집 잘 보고 있어." 밤이 이렇게 컴컴한데, "있으면은 내가 고모네 집에 가서 고모 내일 피난 가자고 얘기하고 올게." 이렇게 하면서 놔두고는 그래 갔어요.

이제 친정집이 신흥이라 친정집에 가니까 뭐 영문도 모르고 거기 들어앉아 있는 거야. 그래 "아이 언니야, 피난 가래이." "뭔 피난을?" "아, 군인들 여기 안 왔어?" "몰라, 안 왔는데?" "아이고 내나 보따리 싸가지고 얼른 빨리 우리 집으로 와." 이렇게 말하고 집에 왔지. 그리고 집안에다 전부 다 넣어 놓고 문 못 열게 여기 이렇게 걸쳐서 놓고 나섰지.

소에 콩 두 말, 쌀 두 말 실리고 또 이불 보따리, 옷 보따리 해서 실리고 해가지고 쭉쭉 가면 머리가 올라가고 이렇게 하면 또 뜸팡해서('짧고 뭉툭하다'는 뜻의 사투리) 아이고 대체 그전에는 안 그랬는데 또 어떻게 된 생판인가 하고 보니, 아뿔싸! 소 궁둥이에다가 띠를 매가지고 묶는 걸 잊어버렸어. 그래가지고는 겨우 주막거리도 못 가니까 한 노인이 하는 소리가, "아 이 사람아, 자네 그거 뭐 하는

짓인가?" "아이고 할아버지, 피난 가는 겁니다." "야, 이놈아. 피난 가는데 이런 보따리를 싸가지고 가면 어떡해. 아 그러지 말고 쌀이나 한 말 이고, 아이 앞세우고 가고. 저 소도 우리 집에다 떼놓고 가게." 그래 보따리는 빼놓고, 콩도 다 놔두고 쌀만 두어 말 이고서 아이를 데리고 가는 거야.

산골길로 가다가 가다가 어디 재를 하나 넘어갔는데 그쪽으로 신작로가 나왔네. 아이고 그 밤에 차 사고가 나가지고 시체가 그 산으로 하나요. 길을 넘어가야 하는데 시체가 있으니 갈 수가 있어? 그러니 "너 여기 있어라. 내 이 보따리 가져다 놓고 올게" 나뿐 아니라 다 그랬어. 시체가 이만저만 있어야지. 밤에 한 50명인가 60명인가 타는 차가 이리 굴러가지고. 간신히 보따리 이고선 시체를 타 넘고 가야지 안그러면 갈 수가 없어. 타 넘어가서 저쪽에다가 보따리 갖다 놓고 또 와서 아이를 데리고 가려니까 우리 딸이 울려고 해. 내가 그냥, "알았어, 괜찮아." 그래 갖다 놓고. 이래 하다 보니 우리는 살아서 남을 타고 넘어가는데 참 그렇게 죄송스러울 수가 없어. 어디 여자가 남자를 타 넘어가요. 시방까지 눈에 선해.

그렇게 크게 사고 난 건 처음 봤어. 어떤 데는 사람이 이렇게 됐는데 한 군데 있다가도 없고 한 군데 여기 담요를 덮어 놓고. 그냥 아주 아휴. 그런 거 넘어가 봤어.

아, 가다가다 보니까 또 집도 절도 없는데 짚가리만 있는 거여. 그런 짚가리 가지고 의지를 해가지고 집을 지어가지고 사는데, 아이를 땅바닥에 놨더니 밤새도록 오줌을 싸가지고 궁둥이가 얼어붙은 거야. 그래가지고 우구치(경상북도 봉화군 춘양면의 한 마을)라는 데를 가서 피난하고, 내가 혼자 가서 애를 업고 오다가 그 애가 또 죽었어. 그걸 또 내 손으로 갖다 끌어 묻고 왔다. 그렇게 겪었다고.

소 대신 옥수수 메고 30리 고갯길

피난 갔다 와가지고 또 이듬해 들어오니 뭐가 있어? 올라가면서 폭격하고 내려가면서 폭격하고 그러니까 집도 없어지고, 쌀까지 다 없어지고. 그래서 저 대화 사는 친구한테 돈 빌려가지고 옥수수 사다가 먹고 살았지. 아 우리 집 양반이 만날 야단을 쳐. 네(너) 뭘 가지고 농사지을 거냐고? 왜냐하면 농사 짓자고 놔둔 소를 내가 군인한테 내줬거든. 아, 피난 갈 때 소가지고 난리를 치는데 오도 가도 못해서 여기 놔두면 인민군들 처먹고 살찌잖아.

그래 군인한테 여보 여보, 오라고 하니까는 왔어. "아저씨, 군인 양반" 이 소를 붙잡고 고삐를 쥐여 주면서, "이거 갖다 잡숫고요. 이남서 승리해 주세요." 아유, 고맙다고 하지. 그렇게 소를 군인한테 올려보내고 피난 갔지. 남편이 나오는 줄 알고 이틀을 기다리고 있다가 만났는데 내가 소를 군인한테 내줬으니까 야단은 나한테로 돌아오는 거지. 피난 나오느라 소를 없앴다고. 집에 가만히 들어앉아서 고통받은 줄도 모르고. 하도 화딱지가 나서. 친구한테 돈을 꿔가지고선 옥수수를 한 말씩 메고 재를 세 개씩 넘어 댕긴

년이여. 꼴엔 이래 봬도.

아 그래도 밤에 넘어지지도 않네. 어떻게 나를 그렇게 밤에 오게 했을까? 올라가는데 15리, 내려가는데 15리, 재가 그래서 30리인데 밤에 그 재를 넘어서 집으로 와야지. 시방 생각하면 아주 아득해.

세상 살아온 게 다 그렇지, 뭐. 참 다 거쳐놓고 보니 다 그렇고 그래. 내 아들 셋, 딸 둘 오 남매. 낳기는 열둘을 낳았어. 생기면 낳았잖아. 아들 자랑하면 팔불출이지만 우리 아들이 이제 날 보고서 절을 한다니까. 낳아줘서 고맙고, 키워줘서 고맙고. 이렇게 해서 먹여 살려서 너무너무 고마워서 그런대. 아이고 세상 살다 살다 별소리를 다 듣네. 우리 아들이 정선에 가서 친척들한테 어머니가 어떻게 어떻게 했다는 걸 듣고 와서 그러지. 보기나 했어?

나는 시집가서도 아무것도 모르고 천둥벌거숭이 맹키로, 개똥 맹키로 뛰댕기고, 철모르니 힘든 것도 모르고, 시집살이도 모르고 살았어. 그랬더니 이렇게 오래 살아요. 이렇게 살면서 제일 좋은 건 아들 낳고 며느리 보고, 손주 보고, 그런 게 낙이지, 뭐 있겠어요?

황○○ 할머니(일본 교토)

아버지는 리어카로 어머니는 바느질로

나는 1933년생이에요. 나이가 90이 넘으니까 가는 귀가 먹었어요.

우리 아버님은 옛날에 생활이 어려워서 19살에 일본으로 건너가셨어요. 아버님이 5형제의 맏인데 일본에서 돈 벌어 가족을 먹여 살렸어요. 그리고 해방되기 2년 전(1943년)에 한국으로 왔어요. 왜냐하면 한국 사람들은 전부 징용으로 뽑아갔거든요. 그래서 징용 가면 아버지가 몸이 약해 견디지 못한다고 해서 내 나이 11살 때, 4학년에 여기로 나왔어요.

어머니는 아버지하고 12살 차이가 나는데 16살에 결혼을 하셔서 20살에 내가 태어났어요. 그때 아버지가 일본에서 잠깐 나오셔서 결혼하고 아버지가 혼자 일본으로 들어가셨어요. 가서 여비를 벌어 보내가지고 어머니가 18살에 일본으로 가셨다 카더라구요.

아버지는 일본에서 직물공장에 다니셨어요. 나중에 어머니도 일본으로 들어가셔서 같이 직물공장에 다니셨어요. 그리고나서 나하고 내

동생이 태어나고 두 분이 직물공장에 다녀서 번 돈으로 포목 장사를 했어요. 아버지는 리어카에 싣고 시장으로 가시고 어머니는 집에서 바느질을 해서 벌었어요. 아버지가 고생을 많이 하셨지요. 동기간들 먹여 살리느라고. 아버지는 일본에 있고 조선에 할아버지 할머니가 계시니까 그 식구들을 먹여 살리다시피 했어요.

나는 형제가 넷이에요. 지금 가운데 둘은 죽었고 나하고 넷째하고만 살아 있어요. 또 그리고 서동생(배다른 동생) 3남매가 있어요. 그래 지금은 다섯이 남아있지요.

일본에서 차별 없이 즐겁게 학교 생활

일본에 있을 때 아버지는 일본 이름을 안 쓰셨어요. 우리 황씨네 개명 이름이 '도모다'였는데 장사할 때 주로 쓰셨어요. 나도 처음에는 한국 이름으로 했다가 학교에 들어가게 되니까 '도모다 사다코'가 됐지요.

일본에서 학교 다닐 때는 그냥 재밌게 놀고 그랬어요. 그전에는 핍박을 많이 받았나 봐요. 그런데 우리는 일본에서 태어나서 11살까지 살았는데 조선인이라고는 해도 일본인들한테 차별을 받지는 않았어요. 그리고 아버지가 포목 장사를 해서 돈을 벌었으니까 먹고 사는 것도 괜찮았어요. 그러니까 한국 식구들도 전부 먹여 살렸지요. 그런데 징용 안 가시려고 한국에 나온 게 우리가 큰 손해였어요.

일본에 있을 때 우리가 교토 오미야도오리 히가시에서 살았거든요. 아버지가 19살에 일본에 왔을 때부터. 아주 복판에 살았고, 그 뒤로 한참 가면 일본 천황이 사는 고쇼御所(황궁)가 있고.

대꼬발로 머리를 딱 때리는 할아버지

일본에서 4남매가 태어나고 그렇게 살다가 내가 11살이고 막내가 돌 지내고 한국으로 나왔어요. 그게 해방되기 2년 전 1943년이에요.

한국에 와서는 저기 문경 넘어 괴산군 연풍면 율전리. 거기 삼촌들하고 숙모들하고 할아버지 할머니하고 같이 살면서 학교를 다녔어요. 아버지는 그때부터는 농사짓는 거지. 그러다가 내가 결혼하기 직전에 연풍에서 포목 장사를 하시다가 70살 되기 전에 돌아가셨어요.

그때는 학교가 3학기까지였거든요. 우리가 12월에 돌아왔기 때문에 4학년 3학기에 편입해가지고 학교 다녔어요.

산골 학교기 때문에 학생이 한 반에 80명 정도 됐어요. 학교 댕기는 사람은 없는데, 학교가 많이 없으니까. 그러니까 나는 11살 먹었지만 20살 먹은 결혼한 사람도 한 학교로 같이 댕기고 했죠.

나는 한국에 들어와서 연풍국민학교 4학년에 다니기 시작했지요. 그때는 해방 전이라 일본어로 수업했어요. 선생님들은 교장선생님 한 분만 일본인이고 나머지는 다 한국선생이었어요.

그러다 6학년 8월에 해방이 됐는데, 그해 봄에 정신대를 뽑아갔어요. 뽑히갔다고 막 소문이 돌아다녔어. 나는 적은 나이에 학교에 들어갔지만, 다른 사람들은 19살, 20살 먹은 사람들이 있었거든요. 그러니까 그 사람들이 겁을 내고 그러더라고. 정신대 가면 뭐 한다는 건 내가 어려서 잘 모르지만, 뭔지 모르고 뽑아간다는 것만 알았지. 그때 연풍은 산골이라서 뽑혀간 사람은 그다지 없었고, 도시 사람을 그때 뽑아갔지. 산골 학교에 오니까 처음에는 우습고, 이런 데서 뭔 공부를 하노. 일본말도 일본하고 틀리더라고. 그래 놓으니까 힘이 많이 들었었어요. 그리고 한국말은 배우긴 배웠다 해도 그냥 배워가지고는 공부가 안돼. 해방 전까지는 친구들하고 일본말을 쓰긴 했지만, 학교 다니는 여자는 나 하나뿐이었거든.

6학년 8월에 해방이 돼버렸어요. 해방이 되고 나니까 일본말은 다 버려야 된다고 해서 일본말은 안 쓰는데, 한국말을 할 줄 몰라가지고 할아버지 할머니한테 맨날 혼났어요. 옛날에 어른들 긴 대꼬발(대나무로 만든 담뱃대) 있잖아요. 할아버지가 그걸로 머리를 딱 때려요. 못 알아들으니까. 일본에 있을 때도 가족끼리 한국말을 안 써서 한국말을 전혀 못 했지요. 부모님이나 한국말을 하실까 우리는 전혀 못 하니까요.

해방돼서 8월에 가을 들잖아요. 그때부터 석 달을 아팠어요. 그렇게 학교를 못 가다가 다시 나갔는데, 책도 없고 칠판에다가 막 한글을 써 놓고 베끼라고 하지. 근데 글을 알아야지. 그래서 한글을 옳게 못 배웠지. 그래 어머니가 조금씩 가르쳐 주시고 이래 가지고 알게 되고 그랬지. 언제든지 3월에 졸업을 하는데 그때는 그 이듬해 7월 초에 졸업을 했어요. 그리고 중학교에 가야 하는데 할아버지가 못 가게 했어요. 국민학교 졸업하고는 집에 들어앉아가지고 농사 뒷바라지 했지.

이북 군인한테는 '결혼 안 했다' 카고 한국군인한테는 '결혼했다' 카고

그러다가 내 나이 18살에 한국전쟁이 난 거지. 그때 농사짓다가 막 동네 사람이 전부다 피난을 가게 돼가지고 마을이 전부 비게 돼. 우리는 뒷산에 우리 산이 있는데 산으로 막 올라갔지요. 산에 집이 하나 있었어요. 거기 가서 식구가 전부 밥을 해먹고 한 일주일 있었는가.

그래 있다가 내려왔는데, 내 경험으로는 그렇더라고. 18살이면 다 컸거든요. 그래논께 성숙하고 하니까 남자들이 어떻게 그걸 하는가 다 알았어요. 그래 이후에 이북 사람들은 '결혼했나?' 그것부터 묻더라고. 결혼했냐고 그래. '남편이 어디 갔나?' '군에 갔지 않나?' 이래 따지려고 그래. "결혼 안 했다." 이카고. "결혼 안 했다." 이카고.

그랬는데 우리 집이 마을에서 제일 크다 보니까 양식도 그렇고 다 괜찮으니까 인민군들이 와서 밥을 해 달라, 소를 잡아가지고 와서 뭐 끓여 달라. 그런 심부름을 많이 했는데 사람한테는 관심을 안 주더라고. 그리고 인민군이 후퇴한 뒤에 이제 군인들이 왔었지. 근데 마지막 군인이 36명인가 우리 집에 와서 밥을 해 달라 해가지고 동네 사람이 여럿이 모여서 거기서 밥을 해 먹였더니 군인들이 문경새재를 넘어 갔어요. 그러고나서 인민군들이 오니께 서로 본척만척하더라고. 다행이라고 생각했지. 그리고 나서는 한 3달 동안 막 소, 개, 돼지 있는 거 집집마다 전부 다 잡아다가 인민군들이 다 먹고, 뭐 말도 못 했지. 그래도 사람을 안 해치니께 다행으로 알고 고마 이래 죽어지냈지. 그래도 다른 집들은 막 굶었지만, 우리는 양식이 있으니까 그건 퍼서 해주고.

해방 전에는 우리는 농사를 많이 지어서 공출을 많이 해갔어요. 쌀을 많이 보내다가 해방이 되고 나니까 나락을 갖다 놓을 데가 없어가지고 마당에다 막 나락을 갖다 부어서 큰 섬을 세 개나 세우더라고. 6·25 때는 우리가 집을 비워놓고 피난 갔거든요. 보리타작을 해놓고, 방 한 칸이 뒤주인데 뒤주에다 그냥 보리를 덮어 놓고 갔거든. 피난 갔다 온께, 보리를 그냥 막 퍼다가 다 말을 먹이고 그러더라고.

근데 그때 이북 사람이 '결혼했나? 안 했나?' 그걸 따졌는데, 한국 군인들도 '결혼했나? 안 했나?' 이걸 따지더라구요. 그때 내가 18살이었지. 한창 그때는 17살, 16살도 뭐 다 시집을 보내고 이랬지.

나도 한번은 애를 먹었어요. 저기 겨울 1·4후퇴 때, 피난 가가지고 있다가 양식을 가지러 이제 저 봉암사 뒤로 연풍을 넘어왔거든요. 그때 한번 군인들한테 붙들려가지고 끌려갈 뻔했어요. 그랬는데 아버지가 두 시간 걸려가지고 사정을 해서 그래 내가 빠져나갔지. 안 그랬으면 군인들이 붙들고 갔을 거라. 그래 한번 경험을 해보니까, 한국군인은 '결혼을 했다.' 카고, 이북 군인은 '결혼을 안 했다.' 카는 거, 이걸 판단했어요. 한국군인은 "결혼을 안 했다." 하면은 고만 군대로 데리고 갈라 해. 그리고 결혼을 해서(동료의 아내) 남편이 군에 갔다 하면 안 건드리고. 이북 사람은 '결혼했다.'(적군의 아내)하면 데리고 가더라고. 그래도 저들 따라 나오는 기집아들도 꽤 많았거든. 따라다니면서 막 같이 살고 이래.

신랑이 온갖 공부 다 하고 혼자 버느라고 애 자셨지

나는 일본 살 때가 한국 들어와서 살 때보다 좋았어. 한국 들어와서 조선말 못하지, 할아버지 할머니 무섭지, 이래 놓은 게 우리한테는 아무 이득이 없잖아. 해방되고, 전쟁 나고, 이걸 다 겪고 나니까.

그래도 할아버지 돌아가시고 나서 내가 결혼을 했어요. 결혼할 때 남편이 큰집이 잘 살아가지고 양자를 가셨어요. 양자 가셔가 있을 때 내가 거기로 시집을 갔어요. 그런데 두 달 사흘 만에 큰집에서 나와 버렸어요. 그래 본집으로 들어가서 고생을 많이 했지. 시집살이라기보다는 시동생들 서이(세 명)를 공부시키고 나니까 우리 일곱 식구가 먹고살 게 없는 거야. 남편 혼자 버느라고 애 자셨지. 신랑이 온갖 공부 다 하고 내가 처음에 시집 온께 그때부터 공부를 하고 있더라고요. 나는 중학교도 못 가고 해서 한국어 공부라 할 것도 없고, 신랑이 선생이라 책이 많이 있어서 소설책을 자꾸 읽었지. 요새도 삼국지 열 권을 다 읽었어요.

일본인들에 대해 나쁜 기억은 없어요. 어려서 클 때는 모르니까. 나중에 1976년에 남편이 일본에 가게 되서 거기서 2년 반 살다 왔어요. 그때 일본사람들이 남편이 한국문화센터장이라고 아주 뭐 대우를 잘 해주더라고요. 잘 해준께, 뭐 부족한 거 모르고 살고 왔지. 그래 나는 일본 가니까 대부분 옛날 게 살아나더라고. 그 바람에 아아들(아이들) 셋을 출세시켰어. 딸이 공부할 때 그때는 살기가 어려워가지고 보태주지도 못해서 딸이 고생을 많이 했어. 다섯을 다 공부시키려고 하니께. 아이들은 옛날에 하도 고생을 많이 시켰는데 그걸 극복해 나가니까 그래도 대견하다 싶고 그래.

우리 부부는 거름이 되고 아이들은 더 잘 살아야 된다

나는 고마 11살에 일본에서 한국 나와가지고 막 저쪽은 잊어버려야 되고 이쪽은 잘 해야 되고, 뭐 정신이 하나도 없었어. 결혼할 적에도 그렇게 여기서 생장한 사람하고 다르고. 바보 비슷해요.

살면서 제일 힘들었던 게 일본말을 버려야 하는 거였지. 그러고 나서는 경제적으로 어려워서 좀 힘들었지. 이사를 한 20번 했으니까.

이제 우리는 영감님이 연금 타가 주고 살기가 되니까 나도 편하고 저들도 편하고. 이제는 죽을 날만 기다리고.

그래도 제일 잘한 게 자식들 키워놓은 거야. 잘 키웠다고는 못해도 그저 중간으로는 키웠지. 남한테 해롭게 안 하고 그저 잘 살아주니까 고맙지. 우리 부부 둘이는 거름이 되고 아아들은 잘 살아야 된다, 이것만 생각했죠. 지금 아아들이 우리보다는 더 잘 살아요.

이정희 할머니(부산)

할아버지는 어장, 아버지는 고무신 공장

나는 1929년에 태어나서 지금 96살이야.

창씨개명한 이름은 이와모토 사다코岩本貞子고.

고향은 부산인데 어려서 7살까지 거기 살다가 우리 아버지가 대전에서 사업한다고 하셔서, 그래 대전으로 옮겼지.

부산에서 우리 할아버지가 부자였거든. 부산 남부민동에서 몇 대째 크게 어장을 하셨어. 어장 사업을 해서 우리 집 앞에 물이 막 철렁철렁 들어오고 그랬거든. 굉장히 돈이 많은 부자였어.

할아버지가 선주가 돼서 배를 몇 대 놔 가지고 어장을 한 거야. 내가 어릴 때니께니 몇 대인지는 몰라도. 그때는 우리 할아버지가 그 고을 에서, 남부민동 이초가네라 카면 알아줘. 거기가 한 고을인데 한때 유 명하게 살았어.

그런데 우리 아버지는 어장 안 하고 고무신 공장[1] 사업하느라 일본 에도 왔다 갔다 했어. 아버지가 원산도 가고 강경도 가고 일본도 가고 다 갔어. 일본에도 고무신 개발을 우리 아버지가 개척했다 카대. 거기 우리 한국 사람들이 많거든. 우리 한국에 왜 코 이렇게 나온 진짜 새까만 고무신을 만들었어. 강경에서도 고무신 공장을 크게 했거든. 우리 조 카가 그러는데 지금도 강경 가가지고 할아버지 이름 대면 알아준대.

아버지가 참 똑똑했는데 고무신 공장 잘하다가 또 누구 꼬임에 넘 어가 원산에 가서 금광을 하다가 쫄딱 다 망했어. 우리 할아버지 재 산 다 까먹고. 그래 부산 집에 못 가꼬 그지 돼가지고 갈 데가 없어 서 대전에 갔지. 이렇게 대전에 와갖고 사는 바람에 내가 한 7, 8살, 어릴 때 대전에서 학교 다녔지. 옛날에 전동학교(전동공립보통학교. 1935년 개교) 있잖아.

그리고 우리 집은 3남매였어. 딸 하나는 나고, 오빠 있고 동생 있고. 오빠는 나하고 4살 차이거든. 근데 6·25 때 큰 부상을 당해갖고 내가 면회를 가니까 시체가 마당에 한가득이야. 그때 부산대학교 거기가

---

1) 1919년에 고무신을 만들기 시작했는데, 1921년에는 이하영(을사오적 가운데 한 명)이 여성 고무신을 꽃신처럼 앞코를 살짝 올려서 조선식으로 형태로 바꾸면서 큰 인기를 끌었고, 고무를 신발 전체의 재료로 삼았다. 1932년에는 2,200만 켤레가 팔렸고(당시 인구 2,100만 명) 1937년에는 전국 86개의 고무신 회사에서 1년에 3,000만 켤레를 생산해서 고무신은 국민 신발이 되었다.

육군병원을 했거든. 시체가 마당에 산더미 같았어. 오빠가 부상당해 가지고 여기 다리가 다 나가 하나도 없어. 그런데 6·25 때 군대 갔다 와서 그래도 아이를 서이(셋)나 낳았어. 요새 그 조카가 또 왔다 갔어.

남동생은 이제 헌병으로 있다가 나와가지고 집에 있다가 나이 먹어서 죽고. 그게 낳은 조카 딸이 지금 내 보호자로 돼서 날 보살펴 주잖아.

천황 사진 앞에서 매일 "텐노헤이카 반자이(천황폐하 만세)" 시켜

내가 왜정시대에 유치원 다니며 무용을 하면 아버님이 좋아하셨어. 1936년쯤에 전동학교에 입학해서 다닐 때 처음에는 한국어를 썼는데 가끔가다 일본어 쓰라고 하고 아침 조회도 일본식으로 하고 그랬잖아. 그때는.

2, 3학년 되고부터는 일본어를 안 한다고, 강제로 막 야단했거든. 졸업할 때쯤 돼서 일본어를 많이 썼지. 일본어를 안 쓰면 "선생님, 쟈가 오늘 한국말 몇 번 썼어요" 하고 서로 일러서 점수가 깎이고 손드는 벌을 섰지.

이제 세월이 흘러서 잘 기억이 안 나지만 체육시간하고 아침 조회 때 일본 체조했던 건 생각나. 매일매일 아침 조회하고. 조회할 때마다 운동장에 천황 사진을 걸어놓고 "텐노헤이카 반자이(천황폐하 만세)" 하라고 시켜. 일본인 교장 선생님이 조회할 때 '일본은 좋은 나라'라고 얘기했던 기억만 나.

학교 가면 내나 가미사마神様(신), 그거 맨날 잘 섬기라 그러지. 매일매일 집안에 일본 신 모셔놓은 가미다나神棚(신단) 가서 참배하라는 거지. 학교에서 단체로 신사참배하러 같이 가고.

전쟁 관련해서는 다른 건 없고 군가 가르치면 모두 그 노래를 막 배우려고 학생들 전체가 다 부르고 그랬지.

우리 학생들한테 공부는 안 시키고 보국대 일만 시켰는데 삽으로 길내기, 모심기 같은 거를 시켰어. 일본 놈들이 애들까지 부려먹었어. 모내기를 하면 거머리 있어서 나는 논에 들어갔다가 도로 나오고 안했어.

이제 국민학교 졸업하고 중학교 시험 쳤다가 그때 내가 늑막염에 폐렴까지 걸려갖고 죽을 뻔했거든. 그래서 중학교 가는 원서까지 내놓고 못 갔잖아. 그다음부터는 몸이 약하니까 집에만 있었어. 우리 집이 그때 잘 살아서 일하는 사람이 있고 하니께 일 할 거는 없고, 집에서 수양하고 내내 치료받고 그러느라고 어디 친구들하고 놀러도 안 댕겼어.

정신대 통지 무마될 때까지 너무 무서웠어

그러다가 해방되기 전해에 내가 16살인가 17살에 정신대 통지가 나왔잖아. 그때 아버지가 동에서 뭘 했는가는 몰라도 무슨 일을 보고 하니까, 무마시켜서 안 갔지. 막 그때 정신대에 우리 친구들이 많이 뽑혀서 갔어. 그 당시에 정신대로 간 친구들이 있지.

그때는 우리 친구 애들은 그냥 길 가다가 갑자기 막 붙들려 가는 애들도 있었어. 직접 보지는 않았지만, 내 친구가 길에서 붙들려가지고 끌려갔다고 다른 사람한테 얘기만 들었지. 우리 엄마가 굉장히 까다로와서 내가 그런데 관심을 안 뒀어.

정신대 가면, 군인들하고 그거 한다고. 그런 걸 알고 모두 안 가고 막 도망간 친구도 있고 그러지. 어디 본인이야 정신대를 가고 싶겠어? 우리 나이가 고때 딱 걸려. 전부 다 17살, 18살 모두 다 요 또래거든. 너무 무서웠어. 안 가는 게 결정될 때까지 가족들도 많이 걱정하고 거기에 가면 군인들한테 간다, 위안부로 간다, 이거를 알고 있으니까 막 도망치고. 그런데 혼자 있으면 데리고 가는데. 결혼했다 하면 안 데리고 가. 그거 한 가지는 희한하데.

그래서 일찍 결혼한 친구도 있어. 그래갖고 자기가 마음에 없는 사람하고도 막 결혼하고 그랬어. 정신대 간 친구들은 군인들한테 갔고, 우리 친구들 중에서는 공장 가는 그런 친구들은 없었어.

해방되고 나서 돌아온 친구 하난가 봤는데, 거기 가서 어떻게 힘들었다, 이런 얘기는 아직 못 들어봤지만 뭐 갔다 와도 말 많았지. 그런데 다행히도 시집 가가 잘 살대.

오빠를 대학 못 가게 하고 만주로 파송

나 정신대 쪽지 나왔을 때 오빠는 21살이었는데 일본으로 징용은 안 가고, 우리 오빠 그때 고등학교 나와갖고 저 만주로 파송이 돼갖고 그리로 갔어. 그때 일제시대니까. 그때 만주로 한국 사람들 막 많이 보냈어.

오빠는 대학을 가고 싶은데 일본 놈들이 대학을 안 보내줘서 대학도 못 갔어. 그래갖고 대학 가려고 만주로 갔어. 그때 만주 가면 죽는다고 모두 그랬는데, 돈도 있고 공부도 잘하고 공부할 마음도 있는데도 일본 놈들이 대학을 못 가게 하고 만주로 보내더라고. 생전 모르는 만주로. 그래가지고 여기서 죽는다고 난리를 치고 그러고 억지로 강제로 막 다 보내고. 거기 가서 일을 하고 싶어서 간 게 아니라 일본사람들이 그냥 보내서 갔어.

일본 놈들이 우리나라 망해 먹는 것도 모르고

난 국민학교 졸업하고 집에서 요양만 하다 보니까 바깥 모임에도 안 나가서 일본사람을 못 봤지. 일본사람이라면 학교 다닐 때 교장 선생님인데, '일본사람이 교육을 잘 시킨다.' 어린 마음에 그런 생각을 했지. 그 당시에 일본사람들이 나쁘다거나 무섭다고 생각 못 하지. 일제시대 일본 놈들이 우리나라 망해 먹는데 그런 것도 모르고, 어리니께니 모르지.

그러니까 당시에는 일본에 대한 나쁜 반감이나 미운 마음 없이 그냥 일본사람이구나. 뭐. 그렇게 지냈지. 아버지가 일본도 자주 다니면서 옷을 사다 줘서, 나 일본 옷도 많이 입어봤어. 일본 옷 얼마나 예쁜 게 많아. 우리 아버지가 나 딸 하나라고 얼마나 그거 하게 키웠나 몰라. 우리 집안이나 주변에는 독립운동가 같은 그런 사람은 없어.

이제 해방이 됐을 때 해방 소식은 집에서 부모님이 말씀해 주셔 가지고 들었지. 그 얘기 듣고 마음이 좋았지. 좋다, 그랬지. 그전에 일본 사람에 대해서 그다지 반감이나 미운 마음이 없었는데, 해방됐어도 '야! 살았다.'까지는 아니지만 그냥 '좋다, 우리 거 찾아서 좋다.' 그랬지. 일본사람하고 좋게 지냈잖아. 그냥 직접 부딪힐 일은 없을 정도. 마을에서도 해방됐다고 막 소리 지르고 만세 부르고 하지 않고 그냥 조용하게 지나갔어.

김해로 피난 온 부잣집 딸, 친정어머니

결혼은 19살에 했어. 기억이 잘 안 나는데 해방되고 2년 후니까 1947년도에 한 것 같아. 우리 영감은 27살. 나이 차이가 많아. 영감 이 부산에 있잖아. 그래 내가 부산으로 갔어.

남편은 그냥 무역을 크게 했어. 크게. 부산에서 우리 집이 크니까 막 피난민들 오고. 그 생각이 나네. 다 부산으로 피난 가는데 나는 부산 에 살았으니까 피난을 안 가고 거기 있었지.

이정희 할머니의 혼례식 사진

이렇게 광복이 됐어도 별로 생활에 큰 변화는 없었는데, 6·25 때 인민군들이 대전에 있던 우리 친정집을 점령했어. 우리 집이 하도 크니까. 인민군이 와서 어떻게 했는지 그런 건 몰라. 근데 우리 엄마 친정이 김해라서 엄마는 나중에 김해로 피난 갔어.

옛날에 김해 면장이 우리 외할아버지거든. 외할아버지가 김해 김씨 김 진사인데 부산 구포에 담 높이 쌓은 성에 살았어. 지금도 구포 가면 그 집이 있어. 할아버지 모시는 여종이 있어. 진짜 할머니가 따로 있고.

우리 엄마는 외가 친척들이 다 살고 있는 김해로 피난 와서 친척들한테 대접을 잘 받았지. 부잣집 딸인데 6·25 때 피난 와갖고 고생할까 봐, 막 친척들이 이집 저집에서 쌀이고 뭐고 농사진 거 다 갖다줘. 쌀이 많이 들어와가 넘쳐. "아이고 언니가 피난왔단다." 카고. 우리 엄마는 피난 왔어도 고생 안 하잖아. 우리 엄마가 굉장히 까탈시러. 친구도 아무나 안 사귀어. 그래 시누 많은 집에 와갖고 고생을 많이 했지.

외삼촌이 메이지대학 다니고 있었는데 동경대지진 때(1923년) 총으로 조선 사람들을 다 쏴 죽이더래. 그래 도망 나와서 김해 면장을 했지. 내가 6·25 피난 와있는 엄마 만나러 김해 가는 길에 부산 구포 강을 가다가 강에 미군이 죽어서 둥둥 떠 있는 걸 봤어.

무역사업 절단나서 식당을

그리고 결혼해서 살던 부산 집에는 피난 온 사람들이 많았지. 그때 우리 집이 좋아서 법무부 장관이 우리 집에 막 피난 와가 있었어. 나는 6·25 난 줄도 몰랐어. 직접 포탄이 집으로 떨어지거나 하는 일은 없어서 난 전쟁으로 힘든 거 몰랐어.

그래도 전쟁이 나니까 남편이 무역하는데 사업에 지장이 많았지. 그래도 남편은 군대 안 뽑혀갔지만, 전쟁 나서 경제적으로 별로 안 좋았지, 뭐. 외국에 무역하고 이러는데 다 절단나고 못 했지. 그래갖고 우리 남포동에서 식당 했어.

한국에서 힘든 시절이라고 해도 나는 힘든 줄 모르지 뭐. 나 모르게 지나갔지. 고생은 안 했지. 6·25 이후로 그때 우리 영감이 큰 사업도 못 하니까는 경제적으로 좀 어려웠지. 나중에 내가 MBC 방송국에서 합창단도 했어. 그러다가 우리 영감이 자기 환갑 때 병이 났어. 나하고 8살 차이거든. 그리고 폐암으로 돌아가셨어. 나는 아이를 못 낳잖아. 내가 일찍 혼자 됐지. 그래 우리 시누하고 같이 살다가 시누는 지금 요양원에 있어.

저 화초 손으로 뭘 하겠노

남편이 마음에 드는지 어떤지 모르고 부모들이 막 좋다고 하니까 그냥 간 거지.

남들이 잘 생겼다고들 하지만 하이고, 남자가 그만이 안 생긴 사람이 어딨노. 사랑은 받았지. 내가 나이 차이가 있으니까.

시부모들이 나한테도 잘해주고. 그러고 일을 할 줄 모르니까, 그때는 일을 잘해야 되잖아. 나는 까다로워서 밥도 잘 안 먹거든. 그 반찬도 이렇게 해가 족집게 같이 요래 먹는데, 동서가 다 해주고 맛있는 거 있으면 다 먹으라고 해주고. 남편이 사업가니까 나가면 이제 좋은 음식들을 사가지고 주면 나는 그런 거 잘 먹고.

우리 동서는 아주 시골 사람이라서 일을 잘하고 시아버지한테 잘해. 근데 나는 집안일을 못 해. 그래갖고서 맏동서가 빨래도 다 해다 줘. 실컷 삶아서 다 갖다줘. 그래서 시집가서도 편했어.

나는 또 보리밥을 안 먹네. 경상도 사람은 보리밥 다섯 말을 먹어야 시집간다고 할 정도로 보리밥 많이 먹잖아. 보리밥을 안 먹고 있으면 우리 동서도 시어머니도 그걸 알고 이밥(쌀밥)을 덜어주죠. 옛날에는 상밥은 하얀 밥 뜨고 밑에 사람은 보리밥 먹고 그랬거든. 그래 시어머니가 이렇게 상밥 덜어주면 그것만 요만큼 한 숟가락 떠먹고 안 먹어. 보리밥을 먹으면 막 배가 끓어. 부글부글부글 막 끓어. 안 먹다 먹으니께. 그러니 먹나, 내가. 안 먹지. 동서가 날 또 그래 잘해 주잖아. 자네는 원래 그런 거 안 먹던 사람이라고.

시집가니까 시집에서 "저 화초 손으로 뭘 하겠노" 그라대. 동서는 일 잘하거든. 우리 집 일 다 해줘. "동서는 가만있어. 내가 다 할게. 일 못 하는 사람이 어찌 일을 하누. 일 해봤어야 하지." 그래. 우리 동서가 그래 좋아. 동서가 나를 안 미워해. 그런데 동서가 암에 걸려갖고 먼저 갔어. 그 조카들이 아레께 둘이 와서 날 들여다보고 가고.

느그 아버지 왔다. 가라! 잘 먹고 온나

아버지가 집이 대전인데 부산에 내려와서 나 데려가갖고 보신시킨다고 맛있는 거 사주고. 시집에서 딸을 어떻게 할까 봐 아주. 아버지가 나 고생할까 싶어서 만날 부산에 내려오는 거야. 부산 와서 내가 고생하는가 싶어서 어찌 사나 보고 가고. 그래 애지중지했지. 시어머니가 "느그 아버지 왔다. 가라! 잘 먹고 온나."

아버지 돌아가실 때 갔더니 아버지가 내 쪽으로 향해서 나한테 꼼짝도 하지 말고 있으라고 그러더라. 임종을 그렇게 했어. 우리 아버지는 아들은 안 좋아해. 우리 엄마는 "딸 그까짓 꺼 무슨 소용 있노."이라는데. 우리 아버지는 "나는 딸이 제일 좋다. 딸이 제일이여", 그래. 시집갈 때 아버지가 부산에 따라와서 집에 못 돌아가시고 한 달을 부산에서 안 가고 있었어. 부산에 친척 집이 많이 있잖아. 친척 집 댕기면서 와서 딸도 보고 가고. 나 정 떼느라고. 아이, 그런 부모도 다 내버리고 사니. 남편이 다 뭐라꼬. 그런 딸 무슨 소용 있노.

아버지 나라 갈 때까지 믿음 생활로

교회는, 70년대에 처음에 이용길 목사님이 개척하신 교회로 갔지. 우리 시누랑 희동에 있는 사람들 내가 다 인도해갖고 다녔지. 내가 그 죽전로뎀교회에 지금까지 다녀.

그래 시누하고 같이 살다가 시누도 나이 먹고 이제 자식한테 의지 못 하잖아. 그래서 내가 기도원으로 들어갔어. 102살 먹은 권사님이 미국에서 와갖고 나하고 같이 기도원에 있었지. 오래 있었어. 변함없어. 그 권사님이 우리 교회 1기 권사고, 내가 2기 권사야.

나는 어쨌든 사랑을 받았어. 조카들도 나는 원래 일도 못 하고 막 이런 사람이다, 그렇게 생각해. 인자는 뭐 할라면 냉장고 문 열고 하다가 이래 이래 손을 떠니까 다 깨버리고. 그러니까 지금은 또 요양보호 선생님 와서 해주니까 괜찮아.

아버지 하늘나라 갈 때까지 이제 믿음 생활이나 잘해야겠지.

김신애 할머니 (황해도 연백군)

정신대 안 가려고 결혼을 일찍 했어요

나는 1923년에 태어나서 102살 됐잖아. 지금.

황해도 연백군 연안읍 봉남리 191번지에 부모님이랑 형제 5남매가 살았어. 큰오빠랑 작은 오빠는 장로님으로 재직하시고 우리 남동생은 목사님으로 재직하셨어. 여동생도 살아 있는데 남양주 살아요. 한 열 살 차이 나. 나는 감리교 출신이야. 부모님도 그냥 교인으로 예수 믿고 살았지, 뭐.

나는 학교를 국민학교 밖에 못 다녔어. 학교에서 어떤 걸 배웠는지 선생님들이 어땠는지 학교생활은 잘 생각이 안 나.

학교 졸업하고 집에 있다가, 일제시대 때는 자꾸 정신대를 뽑아가니까, 결혼식을 일찍 해서 18살에 결혼식을 했어요. 그래서 20살에 큰아들을 낳았어. 큰아들이 지금 79살이야. 해방둥이야. 큰아들이 미국에서 저번 주에 나왔었잖아. 우리 교회에도 나왔어.

해방되기 2, 3년 전에 막 정신대 뽑아가고 해서 정신대 안 가려고 결혼했지. 가면 고생하잖아. 무슨 고생을 하는지는 지내보지 않아서 모르지만, 고생한다고 그러더라고. 그러니까 일찍 결혼들 하잖아. 남들은 열다섯에도 결혼했어. 정신대 안 보내려고. 벌써 결혼들을 해서 그랬는가, 정신대 간 친구는 없어요. 오빠, 남동생, 친척들도 일본에 끌려가지는 않았어.

쌀 배급소 하다가 해방 후엔 정미소를

영감은 사업을 했어요. 우리는 일정 때 배급소를 받아가지고 쌀 배급소를 했어. 동서남북으로 네 군데 배급소가 있는데 우리가 서쪽으로 배급소를 하다가, 해방되니까 배급소가 없어졌잖아. 그러니까 사업을 했지. 그래서 정미소도 하고 뭐 여러 가지 공장을 만들어서 국수도 뽑고 쌀도 찧고 그런 정미소에 사람을 두고 살았어. 경제적으로 어려움 같은 건 없이 살았어요. 계속 다 베풀고만 살았어요.

결혼하고 해방이 되니까 하하하하. 해방되니까 기분이 너무 좋았지. 일제시대 때 그렇게 힘든 건 아니었지만 그래도 해방되니까 우리 걸 찾아서 좋았지.

걸어서 서울로, 배 타고 부산으로

결혼하고도 황해도에 살았는데, 6·25 전쟁이 나고서 남쪽으로 피난을 왔어. 그때 모두 다 무서운 게, 폭격을 자꾸 했거든. 사람을 다 죽여서 무서워서 피난 나왔지. 큰아들이 6살, 둘째 딸은 4살에 피난 나왔어.

먼저 서울로 왔어요. 고향서 서울 올 때는 걸어서 왔지. 걸어서 얼마나 고생했는지. 애기들 데리고 또 짐 지고 걸어서 서울을 왔는데, 또 서울서도 후퇴를 하니까 부산 가서 살았어요. 황해도 연안서 피난 나올 때 우리는 쌀을 서울로 보냈거든. 빨갱이한테 돈을 안 주려고 있는 돈을 다 없애기 위해서 돈으로 다 곡식을 샀어요. 곡식을 서울로 가는 기차 두 방통(화물칸)에 실어서 왔는데, 예성강 다리를 폭탄이 쳐가지고 방통이 하나만 서울로 오고 하나는 툭 떨어졌어. 하필 폭탄이 그때 처음으로 예성강 다리를 친 거야. 그래서 기차가 부러져서 하나만 가고 밑에 거는 떨어져 버리고. 쌀 실은 방통이 한 량만 왔지만, 그 쌀이라도 대강대강 팔아가지고 부산으로 배 타고 피난 갔어요. 그때 차가 없었어. 배도 막 사람이 많았지. 모두 피난 댕기는 야단 속에서 고생 많이 했죠. 그때는 뭐 난리 때라 힘들었어요. 그래서 부산 가서 몇 년을 살아야 했지.

쌀 판 돈 가지고서 기초를 해가지고 살면서 우리가 스레미(오징어) 공장을 했어. 돈을 많이 벌었지. 그때는 전쟁통에 먹을 게 귀하니까 오징어채가 잘 팔렸어요. 인기가 있었어. 그래서 부자가 돼서 서울로 올라와서 그래서 잘 살았어요.

총 들고 온 인민군들, 겨우내 밥해줬죠

일정 때 일본사람 기억은 안 나. 우린 접촉한 일이 별로 없으니까. 그런데 6·25 때는 직접 인민군을 겪었지. 이북에서 밥도 몇 번 해 먹였어. 군인들이 집에 와서 나쁘게 한 건 없었어. 오면, 밥해 달래면 밥을 해줬죠.

한번 오면 어느 때 많이 오면 네다섯 명, 적게 오면 두서너 명. 겨우내 밥을 해 먹였어. 밥만 해다 놓으면 밥만 먹었어요. 그러고 가면은 다른 군인들이 또 와서 또 밥해 달라고 그러고. 떠나면 또 와서 밥해 달라고 그러고. 군인들이 총 들고 다니고, 너무 무서웠어요. 그러다가 다 피난 나왔어.

우리 친정아버지는 폭격으로 돌아가셨잖아. 폭격으로 돌아가시고 어머니는 살아 계신데, 오빠들은 다 피난 나왔어. 우리 오빠가 해방되고 나서 여름에 아이스크림, 겨울에는 또 직접 방직공장을 하고 잘 살았어요. 그래서 뭐 사탕가루 같은 거 먹을 게 많잖아. 그러니까 부모님이 "다 피난 나가라. 나는 지킨다." 어머니는 그거 지킨다고 안 나오고 아들, 딸은 다 피난 보낸 거야.

그래서 다 나와서 오빠들은 고향에 못 들어갔으니까 여기서 살다가 죽고. 어머니만 혼자서 피난 갔다 돌아오면 재산 지켜서 준다고. 그런데 수십 년이 지나서 어떻게 어디서 돌아가셨는지 모르지. 왕래가 없으니까. 이제 못 만나죠.

성경책 읽고 기도하며

국민학교 졸업하고 결혼하기 전까지 교회 생활을 했지. 교회에서 열심히 해서 내가 1등 상을 받았어. 그래서 이만한 성경책을 상으로 받았어. 일제시대 때 교회에서 일본에 대해서 뭐라고 얘기를 했는지는 몰라. 그런데는 참여 안 하고 신앙생활만 열심히 했지. 교회에서 활동할 모임 같은 것도 별로 없었어. 그냥 주로 예배만 드렸지. 나라에서 부녀자들 나오라고 모임은 했어도 그런 거는 참여 안 했어요. 근데 내가 예수 믿지 않는 집으로 시집을 가지고 마귀 소굴에서 고생 많이 하다가, 내가 다시 50살에 교회로 돌아왔어.

영감은 나이가 3살 많았는데 50살에 혈압으로 돌아갔어. 내가 교회식으로 장례식을 했어. 우리 영감이 돌아갔을 때 내가 여의도순복음교회 데리고 가서 세례받았어. 그랬더니 교회식으로 장례식을 한다고 시댁에서 싫어했어. 그래도 내가 50대에 다시 교회에 나와서 권사 칭호를 받았어. 이용길 목사님 교회에 초대 권사로 왔어. 우리 목사님 고생 많이 하셨어. 교회를 두 번 지었잖아. 나도 교회 따라서 강남에서 죽전으로 왔지.

우리 집안은 믿음으로 자라서 큰오빠가 96살에 돌아가시고 우리 동생이 지금 해방둥인데 목사님이야. 미국 캘리포니아에서 감리교회를 지었어. 그래서 내가 60살에 가서 74살까지 있었잖아. 구역장을 맡아서 열심히 전도하고 재미있게 활동했지. 1주일에 한 번씩 구역예배 드리면 1년 걸려야 다 돌아가.

우리 애들은 5남매인데 맏딸이 일찍 죽고, 미국 사는 큰아들이 해방 둥이고 막내아들이 장로님이야. 원당 장로교회 장로님. 쌍둥이잖아. 또 하나는 몸이 아파서 병원에 가서 있어. 그리고 딸이 서울에 살고 있고.

일제시대 때는 고생을 잘 몰랐고 6·25 때는 좀 고생을 했지. 그리고 예수 믿지 않는 시댁 식구가 너무 미워서 내가 마음의 고통을 받았어. 시댁 때문에 제일 많이 힘들었어. 그렇지만 애들이 다 크고 잘 사니께 행복하게 잘 살았어요. 지금도 매일 성경책 펼쳐 놓고 성경 읽고 기도하며 지내요.

동네 사람 기름 나눠주며 인심 먹고 살았어요

나는 1933년에 함평군 나산면 나산리 해남에서 태어났어. 내가 1남 3녀의 둘째 딸인데 지금 밑에 동생하고 나하고는 살아 있어.

우리 아버님은 농사지으면서 기름을 그렇게 크게 짰어요. 지금은 기름을 방앗간에서 기계로 짜는데 우리 아버지가 크고 기운이 씨셔서 방아 찌면 이렇게 꽉 눌러서 직접 기름을 짜셨어. 나는 우리 어머니 탁혀서(닮아서) 그렇지, 우리 아버지 탁했으면 잘 생겼을 거요. 기름 짜서 우리 어머니가 또 인심 좋은 게, 동네 사람 다 기름 주고. 이렇게 다 인심 먹고 살았어요.

그리고 살다가 아버지가 52살 잡쉈갖고 위가 안 좋아서 소화가 안 되니까 끌끌하다가 약이 없어서 한 3년 머물다가 돌아가셨어. 지금 같으면 그런 병으로 안 돌아가셨을 텐데. 아버지가 돌아가셔뿐께, 우리 오빠 19살밖에 안 먹고 공부만 했다가 어떻게 할지 모른게 엄청 고생했어요.

일본 신민으로 태어나서 충성을 다해라

아버지가 나 11살 때 돌아가셨어. 학교 다니던 게 중단되고 말아버렸지. 그것도 복이 없어서. 그때는 국어책, 산수책 서너 권 짊어지고 책보 하나 들쳐메고 댕기다가 공부하고 했어요.

우리는 일본어도 학년이 올라가서 3학년을 벗어나야, '히라가나' 공부에 들어가요. 3학년까지만 학교 다녔으니까 일본어 글자공부를 하다 말다가 끝나고.

학교에서는 한국어를 안 해. 일본어로 아이우에오. 가기구게고. 이렇게 말 가르치지. 우리나라의 가나다라식으로. 알잖아요. 지금의 가갸거겨 잖아요. 학교에 한국 선생님도 있고 일본 선생님도 있고 한데, 일본 선생님은 일본 걸 가르치죠. 학교에서 일본 선생이 가르치는 것은 기억이 잘 안 나. 한국 선생들이 좋았지.

교장 선생님은 일본 선생님이지. 그때 맨날 마당에 세워놓고 기오쓰케(열중)! 야스메(쉬어) 이렇게 학교에서 그 훈련이야 하지. 행진허죠. 그때는 지금 같지 않게 공부에는 소홀했는가 봐. 그러니까 마당에서 가르치고. 그때는 전부 일본말로 했어요. 일본말로 안 허믄 그렇게 벌 섰어요.

그리고 그 당시에는 한국 이름을 못 쓰게 해서 내 이름을 이와모토! 이와모토! 이렇게 불렀어요. 일본 노래도 '기미가요' 그런 것도 지금 국가잖아. 일본 노래도 많이 배웠었는데.

그 당시에 '교육칙어'[1] 라든지 이런 것들도 막 외워오라고 한께, 학교 시간에 공부하라는 거지. 뭐 아름다운 시를 외워오라든지 이런 게 아니라, '일본 신민으로 태어나서 충성을 다해라', 하고. 교장 선생님이 마당에 세워놓고 그렇게 강의를 하죠. '충성해야 한다', 이런 말을 한 걸 그걸 기억하고 있단 말이야. 근데 뭐라고 말했는가는 다 까먹었네요. 세상이 바꿔어 버리니까, 그래 그냥 넘어가 버리잖아요. 오래돼서 기억할 필요도 없고 안 좋은 일이니까.

그러니까 지금 내가 산다고 산께 그렇지. 어떻게 가난한 데로 시집이라는 데를 가갖고, 자식 어떻게 낳고 했는데. 홀시아버지도 7년간이나 모시고 6·25 때 다 망해버리고. 시아제가 경찰이라서 시어머니는 6·25 때 인민군한테 잡혀가서 죽고. 시어머니도 없는 데로 시집가서 고생했어요. 어떻게 왜 그런 데로 시집갔는가 몰라요.

살다가 남편이라고 정도 없이 그냥 산께 살았어. 근데다가 또 그나마 남편이 49살 먹어서, 내가 42살 때 가버렸잖아요. 나도 자식 5남매 데리고 살았어. 긍게 일제시대 같은 거 생각할 시간이 없었어요.

쌀이랑 놋수저 감추고, 마초랑 송탄유 내고

일제시대에 집에서 농사지어 놓으면 거기서도 공출 바쳐요. 우리 부모님도 논도 있고 밭도 있고 다 있었죠. 아버지 돌아가시고 엄마랑 19

---

1) 1890년, 일본의 천황제 국가체제에 입각한 군국주의 교육 방침을 공표한 칙어로, 일본 제국 신민의 수신과 도덕 교육의 기본 규범을 정하고 있다. 이 교육칙어를 기반으로 일본은 물론 식민지였던 조선에서도 천황에 충성하는 신민 육성을 교육의 목적으로 삼았다.

살 오빠가 어거지로 농사를 조금씩 지어놓으면 그나마 공출 바쳐야 돼. 공출도 모자를 때가 있잖아. 그러니까 그놈도 이렇게 감추잖아요. 조금이라도 감췄다가 먹을라고. 그러면 동네에 또 밀정이 있어. 창으로 찌르고 해서 가져가고. 그러고 그때는 놋수저 놋그릇을 일본 놈들이 다 뺏어 가버려서 수저도 없어. 지금 같으면 면이나 지서(파출소) 그런 데서 나왔겠지. 그러니 놋수저 놋그릇도 모르게 감춰서 하나씩 가지고 밥 먹었지. 해방되기 직전, 내가 13살 때 제일 많이 뺏어갔죠.

참 일정 때는 엄청 고생했어요. 그때는 이렇게 일선에서 쌈(전쟁)하면 그 말밥(군마의 여물), 이렇게 마초를 베면 그것도 파란허니 만져서 예쁘게 해서 묶어서 일본에 내야지. 돈은 1원도 안 받았어. 그리고 또 산에 가서 소나무에서 관솔(소나무 옹이)을 이렇게 따다가 산밭에 가서 관솔을 불 질러놓으면 송진처럼 째껌허니 찐덕찐덕하면 갖다가 깡통에 담아서 송탄유라고 내고.

수저 한 놈만 더 하면 나눠 먹는 거지

쌀 뺏어간 거는 우리들 어렸을 때부터 그랬나 봐요. 그러니까 아버님 때부터죠. 우리는 그런 것도 몰랐잖아요. 어리니까. 부모 밑에서 호강스럽게 자랐어요. 우리 아버지는 옛날 양반이라도 딸내미 시켜 먹지도 않고 그렇게 얌전하셨어. 그러니까 우리 큰집 언니들이 "느그 아버지 덕으로 잘살 것이다, 잘살 것이다." 하니까 아무 가탈은 없이 사네요. 아버님 오래 살았으면 괜찮아. 공부도 할 수 있게 학교도 보내주시고 했을 텐데.

우리 큰어머니가 누구냐 하면 신기하 국회의원 있잖아요. 그 큰 집 할머니였어. 우리 어머니 집의 할머니. 그 양반은 "나중에 느그 클 때에 느그가 땅속으로 길이 나면 다 다니고 땅속으로 차 다니고 집 지을 거다, 느그 눈으로 본다." 그래. 근데 그런 생각이 어디서 나오는지 몰라. 배운 것도 없는데. 그러면 무슨 땅속으로 집 짓고 다니냐고 그랬더니, 진짜 이러고 살잖아요.

우리가 이렇게 가서 놀고 있으면, 그때는 부잣집도요 저녁이면 죽을 끓여 먹어. 물 이렇게 부어갖고 죽을 끓이면 우리 큰어머니는 "아이고 먹고 가그라, 먹고 가그라. 수저 한 놈만 더하면 나눠 먹는 거지." 그렇게 많이 그러고 살았어요.

우리 아버지가 잘해 놓으니까 이 자식들을 이렇게 잘해 주셨어요. 신기하네 집이 잘 살았잖아요. 친정에서 산 하나 넘어가면 그 큰 집이지. 송암이라는 데요. 거그 사니까 제사를 지내면 "바구니 갖고 오소." 그래. 그러면 거기서 산 넘어서 가서 큰집에 바구니 던져주면 거기다 음식을 담아서 대문 문 앞에 내줘. 그걸 이고들 와서 먹고. 시대가 그런 시대였어.

정신대에 딸 뺏겨부린 울 어머니

오빠는 공부를 많이 했지만, 오빠가 19살 때 아버님이 돌아가셨고요. 해방 때 오빠는 21살 먹었는디 나는 14살 먹었잖아요. 나 거그 정

신대 갈 때는 13살이야.[2]

근데 면에서 나보고 나오라고 해서 뭣도 모르고 내가 나갔다가 광주 방직공장으로 끌려갔잖아요. 방직공장인지도 모르는데 그때 꺾여 끌려간 사람 중에 좀 큰 사람은 일본으로 꺾여 갔지. 나는 어리잖아요. 13살밖에 안 먹었응께.

처음에는 나오라고 해서 엄마랑 갔더니 나를 면 사무실에 갖다 놓더라고. 문 다 열어놓고 있어도 나는 도망 나올지도 몰랐어. 머리 좋은 놈들은 안 오거나 다 도망가버렸어. 우리 친구들 몇만 남고 내중에 그 문을 다 닫아버리대. 닫아걸고 키를 재고 이제 신체검사를 하는 거지. 이게 내가 또 키가 컸던가 어쨌든가 거기서 합격이 된 거야.

우리 친구 하나는 키가 적은 게 집으로 도로 와 불고. 그래갖고 내가 간다고 간 것이 광주 방직공장으로 갔어.[3]

그날로 광주로 가던데. 오전에 나오라고 해서 갔다가. 문 닫아버리고 못 나가게 해갖고, 이제 신체검사 시켜갖고 그냥 끝낭게 바로 광주로 데리고 간 거죠. 이때 트럭 짐차에도 사람을 좀 많이 실었었어. 그

---

2) 근로보국대 동원 연령은 1941년에 14살 이상, 1945년 4월에는 만 12살~40살 미만 미혼여성으로 되어 있지만 노무 동원 피해자로 신고한 여성 999명 중, 살아 나올 수 없는 감옥 같은 곳이라고 했던 조선소재 방적공장 경험자는 293명인데, 평균연령은 13살로 1년 이내에 18명이 죽었고, 10살 안팎의 아이도 59명으로 20%에 달했다.

3) 일본은 아시아태평양전쟁 말기 노동력 부족을 메꾸기 위해 식민지 조선 10대 초중반 소녀들을 '여자 근로정신대'로 동원해서 군수공장에 투입했다. 여성 노무 동원은 '여자 근로정신대' 방식의 동원 외에도 1938년부터 할당 모집, 관알선, 국민 징용 등 다양한 형태로 동원되었고 미성년자가 동원되었다. 교장, 담임선생님의 지원 종용(강제)과 '사기적' 방법(상급학교 진학, 높은 임금 등 비현실적 조건 제시)로 동원해서 미성년 아동의 노동력을 착취했다. 일본에서는 공장법으로 미성년의 노동을 금지했지만, 조선에는 공장법을 적용시키지 않았다

때를 까먹도 안 해요. 이제 집에서 우리 어머니는 딸 뺏겨불고 나서 난리 난 거지. 정신대 오라는 통지도 없이 구장이 와서, 나오라고 항께 울어머니가 뭣도 모르고 나를 데리고 나갔다가 딸 뺏겨부린 거지.

어린 튼 손으로 군인 대마지를

그래갖고 광주 방직공장에 가니께.[4] 처음에는 베 짜는디를 데리꼬 갔는데, 그때는 여자 반장들은 팔에 딱 완장을 둘르고 그냥 매 요만썩한 놈을 들고 머리는 진 놈 딱딱 묶은 게 무섭던데. 그래서 그 고생 다 시키더라고요.

그리고 식당에 간께, 어떻게 식당 냄새가 나던지 처음에는 가서 밥도 못 먹었어.

그래갖고 이제 내가 어린께 뭣을 하냐면 대마 있잖아, 삼. 그것을 이렇게 높은 데서 썰면 요만치 씩 나와. 그럼 우리는 어린께 그냥 자루에다 담는 일이었어. 그렇께 손이 뻑뻑 트고 이런 데가 다 트고. 어린께 그렇잖아요. 그래갖고 하면은 그 옆에서는 이렇게 한(큰) 데다가 넣고 이만썩한 장화 신고 밟아서 이제 썩혀요. 썩히면 이제 그놈을 갖

---

4) 1931년 만주사변 후, 일본 미쓰이三井그룹의 계열사 종연鐘淵 방적공장이 조선에 본격적으로 진출했다. 1935년, 면화조달이 쉽고 헐값의 여성 노동력이 풍부한 전남, 광주 7만 평 부지에 공장을 지어 면제품을 생산했다. 방적기 35,000추, 직기 1,440대, 종업원 3,000명의 조선 최대 규모의 공장이었다.(해방 후 전남방직공사, 현재 일신방직) 여성 노동자의 평균 나이는 13~14살이고 1940년 이후로는 군수품을 생산했는데, 하루 12시간 이상 일하며 응당한 보상을 받지 못했다. 매 맞아가며 노동했고, 얼굴로 파고드는 먼지 탓에 숨쉬기 어려운 환경에서 폐 질환으로 고생하거나 사망한 아이들도 많았다. 모집원을 통해서 오기도 했지만, 인근 농촌에서 불시에 트럭에 실려 강제로 잡혀 오는 경우도 많았다.

다 팍팍 밀어. 그러면 이렇게 하얘져. 그래갖고는 대마지(대마로 짠 천) 만들어갖고 군대 옷 맹글고 다 그랬어요. 대마지는 군대에서 입힌다고 그러더라고. 그렇게 그런 줄 알지 모르지.

우리 어머니가 또 면회를 몇 번 오시는 거죠. 우리 오빠도 군대 가려고 할 때 면회 왔는데 면회실에 가보니까, 어떤 사람은 뭐 실도 훔쳤다고 이렇게 묶여 갖고 있고 그러더라고요. 우리는 훔칠 것도 없고. 우리는 다시마라는 공장이야. 세이보精紡는 인자, 실을 감는 디고. 소키는 베 짜는 디. 그때 이름이 막 그러더라고요.

그러니까 우리는 여기서 삼을 썰어서 이쪽 칸 넣어주면 거기서는 이렇게 다 썩혀가지고 우리 있는 데로 도로 내놓으면, 이제 짜고. 그렇게 나는 말단 시다지. 어린께. 그리고 하다가 막바지에 공습 비행기가 떴다고 구슈게이카이(공습경계)하고 막 소리를 지르면 일허다가 굴속으로 갔어요. 방직공장이 운동장처럼 엄청 넓어요.

지금도 까마득 헌디. 그리고 일하다가 그때도 보니께 공부하러 올라

간 놈들이 있더라고요. 나는 그것도 저것도 몰라. 그래도 우리 반장이 나한테 잘해줘서 그 이름은 안 잊어먹어. 길례라고 하데. 그 사람들은 오래 있으니까 월급도 받고 외출 끊어갖고 외출 나가면 뭐 사갖고 와서 나 주고 그러더라고. 안 잊어버려.

공장에서 식사는 쌀에 보리 넣어서 먹었어요. 그러니까 아침 6시면 복도에서 따랑따랑 종 치고 다니지. 6시에 긍게 종 치면 일어나서 식당에 가서 밥 얻어먹고 일터 가서 일하고.

그러니까 밥은 세 끄니 주죠. 여기서 퍼주면 좀 봐서 더 받아서 그런 거 먹고. 배고픈지는 몰랐어요. 반찬도 있고 국물도 있을 거예요. 닥꽝(단무지)도 있고.

숙소는 한 방 12명인데, 방이 크니까 이렇게 딱 가운데로 길이 있어요. 그러니까 가운데로 이렇게 머리를 맞대고 자고. 깔고 자는 매트리스도 이렇게 두꺼워요. 한 앞에 하나씩. 지금 군대식으로 이만한 자기 물건 놓고. 그건 잘해놨어.

아침에 6시에 일어나서 밥 먹고 가면 아마 7시나 8시 전에 가서 그냥 무조건 일해서 시간도 몰라. 시간이나 제대로 알아요? 저녁이면 아마 7시인가 8시인가, 아마 7시인가 됐을 거예요. 그러고서 저녁밥 먹고 기숙사로 자러 들어오는 거지. 대강 씻고. 그랬어도 어떻게 손이 다 텄었어.

잠자기 전에는 아이구, 모다 방에서 좀 얘기들을 하죠. 그 반장이 나한테 참 잘하고 어리다고 감싸주더라고요. 지금 보면 반장을 보고 싶어. 근데 어디, 이제 다 까먹어버렸죠.

그때는 추워요. 지금 같은 데는 따숩지만. 베 짜고 그런 데는 더워. 근데 우리는 추웠어요. 긍게 손이 트고 결국에는 집에 와서 옴 올랐다고. 옴이라는 게 막 가려워. 그 병이 이런 데만 가려워요. 냉중엔 식구가 다 옴 올랐어. 그래 우리 동생하고 나하고 어머니하고 사는데 셋다 다 올랐어. 그래갖고 고통받고.

13살에 가서 14살 먹어서 해방돼서 나왔지. 아마 그래 그때 겨울에 가갖고 그 이듬해 14살 8월달에 해방됐잖아요.

공장에 일본사람보다는 그래도 한국사람이 많던데. 좀 높은 사람들만 일본사람이고. 관리하는 사람도 밥하는 사람도 일본사람 없던데. 그 안에서는 일하는 사람들끼리는 다 한국사람이니까 한국말로 얘기허지. 그러니까 일본사람들이 와서 강의를 하면 일본말로 일 열심히 하라고 그렇죠. 허허. 그래도 시집살이는 안 시키더라고요.

급여가 어딨어요, 천 조각 하나뿐

어느 날 해방됐다고 공장 선배들이 "해방됐다. 모다 가거라, 가거라." 그런 거지. 우린 모릉께. 그러니까 친구하고 그냥 면회실로 쫓아나오니께 그 면회실 옆에 새로 쓴 철조망이 다 짜그라졌대. 사람들이 도망 갔는가 철조망이 다 헐어지고 그냥 얕찹더라고요. 뛰어넘었지. 뛰어넘은께 "아이, 가야, 가야, 해방됐다!"

해방됐다는 말 들으니까 기분이 좋지! 이제 공장에서 이렇게 나갈 수 있게 되었으니까. 가만히 있어도 되는데 우리 친구하고 둘이 있는데 마침 친구 아버지가 왔더라고.

그리 훌딱 넘어강께 그 동네 사람들이, "공장 안으로 들어가야, 해방된다. 들어가야, 해방돼야." 그러더라고. 근데 어디 그래요? 어서 오고 싶지.

천 조각 요만한 거 그놈 하나 들고 뛰고. 근데 나올 때 천은 왜 갖고 나왔냐면, 거기 옆에서 반장이랑 가지고 가라고 준께. 그것도 천이 어떻게 해서 생긴 것인지도 모르겠네. 돈도 받도 못하고 월급도 없고. 그렇게 손 다 터지게 일 시키고도 급여가 어디 있어요? 없어요. 그것도 거기 회사서 준 것이 아니고 반장이 너 가지라고 준 것 같아. 긍께 천 조각 그건 줘서 갖고 나온 거지. 그놈 들고나온 것 뿐이여. 그냥 급여가 없어요. 아무것도 없어요. 그냥 군대 가듯이 끌려간 것뿐이지.

그러니까 공장에서 나왔는디, 어디 광주 송정리 어디 철다리 이렇게 구녁 난 디를 걸었는디 그것도 너무 좋아서 무서운지도 모르고 걸었어요.

철다리 건너 갖고 우리 친구 아버지 트럭 타고 오는데, 그 애는 문장이라는 데고 나는 마산이니까, 거기서 20리를 더 가야 우리 집인데 그 친구 아버지가 또 우리 집까지 트럭 태워다 줬어.

딸은 정신대 아들은 군대, 밥인지 뭣인지 모르고 살았나 봐

오빠가 병대(군대), 아주 병대라면 훌륭했어요. 오빠 21살, 3월에 병대 갔나 봐요.

내가 1944년 아마 겨울 되려고 할 때 늦은 가을에 정신대 끌려갔어요. 그러고 우리 오빠는 그 이듬해 3월달에 가셨지. 긍게 우리 어머니가 죽인지 밥인지도 모르고 산 거지.

자식들 중에 우리 오빠가 독자라고, 우리 어머니는 우리 오빠가 어디 가서 안 오면 잠도 안 자요. 그러니까 우리 오빠가 "나 3살 안 먹었다."고 걱정하지 마라고 그래도 소용없어. 긍게 우리들은 오빠한테 한번도 맞아본 일이 없어. 아버지마냥 이렇게 떠받들었어.

내가 공장에 와 있을 때 오빠가 이제 군대 간다고 면회 왔더라고요. 그 이듬해 3월에 어머니하고 둘이서.

우리 오빠 군대 가고, 그때는 헤이따이兵隊(군대), 헤이따이 가면 집에다가 이렇게 깃대 세워놓고 헤이따이 가족은 나라에서 일 안 시켰어요. 오빠는 군대를 일본으로 갔어요. 그래도 후방으로 빠졌던가, 군대서 동창을 만나갖고 일본서 같이 몇 달 있다가 도망간다고 밤에 둘이 나왔대요. 도망가서 요리(조선) 와분다고. 근데 와지나요? 섬에서. 저녁 내내 둘이 돌아다니다 보면 이제 배고픈께 센토(전투) 모자 벗어서 고구마 막 캐먹고. 하루 저녁에 그렇게 돌아다니다가 낮에 보면 도로 그 자리더래요. 음, 길을 모르니까. 그러고 이제 8월이라 곡식이 모두 됐잖아요. 그렇게 한 3일을 돌아다니다가 하룻저녁에는 그 친구가 도랑을 건너려고 홀떡 넘는데 기척이 없더래. 그래서 자네 죽는데 나 혼자 살아서 어떻게 하냐, 그러고 그냥 우리 오빠도 뛰었대. 근데 우리 오빠는 정신이 팍팍 괜찮았고 친구는 조금 정신이 뭐했다대. 어떻게 어떻게 해서 친구를 데리고 나왔는데 "우리 도로 군대로 들어가세." 그러더래.

그렇께 오빠가 "아니 이제까지 고생하고 도로 들어가면 뭣 된당가." 그렇께, 아니 친구가 건너다가 이렇게 떨어진 순간에 돌아가신 할아버지가 할머니가 나타나서 "느그 얼마 안 있으면 나갈 텐데 왜 그러고 다니냐 어서 군대로 돌아가거라." 그러더래요. 그런다고 이제 들어가자고 그래서 들어왔대. 어디로 갈 길이 없죠. 섬에서 어디로 가요. 참 지각없는 짓거리지. 그래서 군대로 다시 돌아갔더니 뭐 때리고 그런 것도 없고 밥이랑 걸게 주더래요. 잔뜩 먹이더니 유치장에 딱 밀어 넣어 버리더래. 한 닷새 산께 해방이야. 어디로 갈 데도 없는데, 그걸 돌아가신 할머니 할아버지가 이러고 저러고 알려주고.

오빠는 군대 가서 한 6개월 있었던가? 그렇게 얼마 많이 안 있었지. 3월에 가갖고 8월에. 그 당시에 일본사람들도 다 전쟁터로 가고 군대를 일본으로 가기가 쉽지 않은데 그래도 오빠가 후방으로 빠졌으니까 그렇지. 그때 징병 가고는 많이 죽고 왔어요.

많이 죽고 왔어. 그렇게 이제 우리 큰어머니가 명당 써서, 우리 길수, 우리 길수는 석석 바위 끝에 놔도 안 죽을 거라고. 안 죽을 거라고 꿈에 그렇게 꿨다고. 그래서 그랬는가 거기서 살아 나왔어.

우리 오빠는 일본군 군대 가고, 나는 우리 어머니가 손잡고 정신대 뽑아가는 데를 데려가고. 지금도 우리 어머니를 생각하면 너무 기가 막혀서 눈물이 막나. 어린 딸 보내고 아들 보내고, 밥인지 뭣인지도 모르고 살았나 봐요.

그러다가 이제 해방이 된께, 내가 오고. 우리 오빠가 이제 함평 나산에서 군 가는 기차가 있거든. 그러니까 밤에 우리 오빠를 데리고 오는데. 또 거기 동네 사람도 아들 하나 우리도 아들 하나인데 그 둘이 어미 아버지가 다른데도, 우리 어머니가 아들, 딸 다 온께 깜깜해도 깜깜하도 않더래. 배고파도 배고픈지도 모르고. 우리 어머니가 너무 그냥…. 지금 생각하면 철없을 때라 그런 것도 몰랐어요. 어머니가 또 너무 좋아서 아주 그냥 당신 세상이었어. 그리고 우리 어머니가 서른 아홉에 혼자 됐잖아요. 근데 지금은 가만히 누워있으면 눈에가 이렇게 눈살이 좀 그래요.(울먹임)

긍게 일본이라면 숨도 못 쉬고 산 거여

일제시대 때 학교랑 공장에서 일본사람들을 봤지만 어땠는지는 잘 모르겠어요. 아이, 긍께 일본사람은 친절하긴 하지.

그때는 순사들이 딱 넓적헌 말 타고 여기까정 각반하고 단코쓰봉(무릎 아래에서부터 통이 좁아지는 바지) 입었지. 우리 오빠도 우체국 다닐 때도 각반 뭐라고 해줬구먼은. 그래갖고 순사라면 무서웠지. 칼도 차고 댕기죠. 이렇게 걸어가면 털겅털겅하고 이 모자 딱 쓰고. 지금도 테레비에 어쩌다 나오더라. 그러면 이렇게 지금 봐도 무서워요. 이 구두도 신고 여기까정 각반치고 북방색 옷 입고 싹 댕기면. 순사들은 무서워. 죄 안 지었는데도 '순사'하면 우리는 무서운 게, 장대까지 나가지도 않죠. 나산면 나산리인데 우리 동네서 다리만 건너면 그 지서가 있고 그래. 그렇게 애기들이 울면 "순사 온다, 순사 온다!" 하면 뚝 그쳤죠. 그렇게 무서워. 근데 지금은 경찰이 무섭소, 대통령이 무서워. 대통령도 안 무서워하잖아, 욕하고.

학교에서 본 일본 선생님들은 친절해요. 공장에서도 머리 높은 사람들이 일본 사람들이고. 그 사람들도 아, 친절해. 아침에 오하이요 고자이마스. 낮에 곤니찌와, 저녁에는 곤방와. 그러거든. 그러니까 다 친절해요. 내가 죄 안 지으면 친절해.

다만 일본 때문에 피해 본 건 크죠. 어린데 이렇게 정신대에 갑자기 끌려가서 저 피해 보고, 농사지으면 다 뺏어갔으니까 피해 보고, 조선말 같은 거 못하게 하고, 그렇게 유기그릇 다 뺏어갔으니까 피해 다 본 거죠.

그렇게 일본이라면 숨도 못 쉬고 산 거여. 그러니까 그때 그렇게 살았어요.

배고픈 세상, 자식들 천대 안 보이려는 홀어머니

오빠는 국민학교 다니고 또 어디 학교 다니고 한문 배우는 서당 다니고 그래갖고 그래 공부를 하시더라고. 공부해서 크게 되려고 했는데, 그러고 저러고 하다 내중에 우체국 다니다가 89살에 돌아가셨어. 당시로서는 꽤나 지식인이지.

우리 어머니가 서른아홉에 혼자 되어서 자식들만 보고 사셨어요. 우리 어머니는 동네에서 잔치를 하면 자식들한테 떡을 해갖고 방 가운데다 놔줘. "이놈 먹고 나오지 마라." 잔치집에 뽀짝거리면 천덕시럽잖아요. 그때는 배고픈 세상이잖아요. 우리 어머니는 자식들 요만치도 넘한테 천대 안 보인다고 그렇게 했어요. 이제 혼자 산 게 깔아본다고 아주 치마꽁뎅이가 바람나게 댕겼다고.

배가 고픈지 어쩐지도 모르고 죽도 끓여 먹고 저녁이면 묵 비워서 국도 끓여 먹고 참, 나물 캐다가 얹어서 밥 먹고, 보리 비어다가 밥도 해 먹고. 그리고 그냥 어려운 것이 많죠. 우리 동생하고 나하고 이제 집에 있으면, 밥도 지금 한 사발 혼자 먹을 놈을 물에다가 말아서 둘이 먹고, 그리고 살았어도 배고파서 그렇게 힘들었는지는 몰라, 또. 넘어가 버려서 그러는가 모르겠어. 엄마들이 여름이면 어디 안 가면 보리를 솥에다 볶아서 그놈 먹고. 그때는 엄마들 집에 있으면 좋아.

오늘 저녁에 죽이러 가자!

이제 해방돼서 집에 돌아가고 나서는 어머님 일 도와주고 뭐 할 것도 없고 그러고 살았어. 우리가 좀 넉넉지 못하고 전답 두고도 농사못 지어서 못 벌어. 사람들이 나를 교회에 끌고 댕겼어. 근데 우리 큰어머니가 교회당 가서 연애한다고 못 가게 해. 연애당, 교회 연애당이라고.

그러다가 6·25 때 어려움을 받았어요. 6·25 때 내가 또 18살 먹어

놓으니까, 그게 처녀잖아요. 그러니까 이제 처녀들 회원들이 나오라고. 그때는 문화소대장이라나 뭐라나, 그것들이 나오라고 그랬는데 우리 어머니가 딸 크다고 안 보낸 거야. 그래갖고 반동분자로 몰렸어요. 공화국 인민군잉께. 긍게, 보안대들이 모다 딱 맹부(명부)에 적어 놓고 "오늘 저녁에 죽이러 가자, 내일 죽이러 가자. 아니 조금 미루자, 조금 미루자."고 하다가 우리 군인들이 왔어요. 그러니까 나는 항상 하느님이 감사하다고 해. 눈물 나고 감사하다고 해.

우리 오빠도 안종팔이라고 구청에 대니는 좋은 친구가 있는데, 그 청년들 밀려가면 "어이 자네, 여쪽으로 가소." 하고 자꾸 피난시키더래. 그렇게 위험 없이 살다가 이제 어느 가을에 한국군이 진주했구만. 우리 동생은 대밭 같은 데가 숨어서 어떻게 떨었더니 이빨이 다 아프대. 이빨이. 긍게 우리 동생하고 우리 엄니하고 우리 오빠랑 고생 많이 했지.

어느 날은 안양수, 나 잊어버리지도 않아. 안양수라고 하는 인간이 성은 편안할 안씨, 우리는 이씨라도 그냥 그래도 친하게 오빠처럼 살았어요. 그랬는데 어느 날 밤중에 나오라더니, 나보고 연애허자고. 이제 그댁이 신평댁이야. "신평댁이 있잖아요. 근데 어디서 연애하냐고." 이렇게 지금 같으면 붙잡고 올라는데, 그럴라 그래도 저만큼 거리 두고 서갖고 한참 쓸데없는 소리 실변(실랑이) 하다가 이제 집으로 왔응게, 우리 어머니도 딸 때문에 그대로 반 죽은 거야. 그런 말이 오고 가니까 속상해서. 알고 보니 고노무 새끼가 나를 반동분자로 몰은 거야. 아, 앙심을 품고.

우리 군인들이 왔을 때, 인민군놈들은 몰래 가버리고. 하룻저녁에 쾅 총소리가 나더니 저기 불갑산으로 다 멀리 가버렸어. 그 인민군들은 어디로 피난 가서 하나도 안 죽었는디, 그 밑에서 그때 붙어갖고 지랄하고 감싸지르고 한 우리나라 놈들이 더 그래갖고 그놈들이 죽었어. 인민군들이 동네 상황을 누가 알아요. 모르지. 그놈들은 외지 사람이니까 이 집이 어떻게 되는지 모르잖아요.

9월인가 10월에 그놈들은 멀리 가불고, 이제 우리 군인들이 왔잖아요. 군인들이 왔는데 그 논에다가 딱 동네 사람을 다 모아놓더만. 우리 산부락 사람들이 많지, 긍게 동네 사람들이 하나도 빠짐없이 다 나가지. 애고 으런이고. 근데 어떻게 거기서 죄인들 아홉을 끌어내던데. 거기도 군인들한테 그 사람들을 또 누가 알려줬겠지. 안양수란 놈은 또 용케도요, 내중에 어떻게 빠져나갔다가 자수했어. 자수 해갖고 살아서 이제 그때는 야경을 섰어요.

국군이 진주한 당시에도 몇 미터마다 몇 미터마다 쭉 야경을 섰어요. 초막치고 그러다가 어느 날 안양수가 조문을 갔다 오던 길에 밤손님들이 와갖고 그놈들 손에 창시까지 다 꿰아져 죽었어. 밤손님이 반란군이지. 그래도 국군이 진주는 했어도 반란군들이 어디가 있었는게벼. 인민군 도와줬던 그놈들이 산에 숨었다가 나와가지고 밤에 오지, 밤에. 낮에는 그러니까.

안양수가 인민군을 도와줘서, 우리 집을 다 피해 줬잖아. 그랬어도 결국 우리는 하나도 피해 없이 살았어. 나는 지금도 자식들 모여놓고 '양심만 바르게 살으라'고 얘기해. 하느님이 다 보신다고. 양심만 바르게 살면 먹고 살 것도 다 생기고 다 봐줘께. 나도 지금도 남 못되게 한 거 없고 누구하고 싸움 한 번 해본 일도 없고 싸움을 못 해.

6·25 때 피난은 안 갔어. 전쟁 났을 때 폭탄 그런 거 없고. 집에서 죽은 듯이 살았어. 우리 돼지도 컸는데 동네 인민군들이 와서 잡아먹었어도 돈도 하나도 못 받았어. 달라고도 못 허고.

혼자되어 다섯 남매 키운 게 제일 힘들었지

전쟁 끝나고 집에서 그냥 바느질 허고 길쌈 허고 살다가 23살 때 시집갔지. 우리 큰어머니가 딸 안 여운다고 야단났어요. 그때 결혼 신랑감으로 '이런 사람이 좋다' 하고 원할 수나 있나요? 교회당이나 연애당을 갔으면 몰라도, 큰어머니가 못 가게 한께. 우리 아저씨 외갓집 머시기가 내가 착하다고 시집보낸 거요. 남편은 나보다 7살 많았갖고, 내가 42살 먹고 남편이 49살 먹어서 가버렸죠. 오토바이 타고 댕기다가. 제대로 죽질 못했어. 남편은 회사에 댕기다가 결국에 내중에는 지붕에 기와 이고 그 미장으로 일하다가 갔어요.

시집살이는 없어. 시집살이를 누가 시켜. 6·25 때 시어머니 돌아가시고 우리 시아버지 엄청 또 호인이여. 그렇께 나는 시아버지라고도 않고 아버지! 그러고. 지금도 그냥 덜렁덜렁. 누구하고 싸움할지도 모르고 덜렁덜렁거리고. 하하하. 그러고 산께 이렇게 오래 살아부렸

네요.

일제 때 힘들다고 해도 부모들이 고생했으니까 힘든지 몰랐는디, 시집와서 더 힘들었지. 시집와서 남편 일찍 죽고 했으니까, 뭐 우리 애들 다섯이나 된디.

그렇게 장에도 좀 댕기고. 88살까지 재봉공장 12년 아파트 청소 14년 했어요. 애들 공부 같은 것은 어떻게 어떻게 그래도 즈그가 잘했는지 장학금도 타고. 우리 큰아들은 고등학교뿐이 못 갈치고, 우리 둘째하고 막둥이하고만 대학 갔어요. 그래갖고 우리 둘째는 며느리도 얌전한 놈 얻어갖고 잘 살아. 큰딸은 중학교밖에 못 가르치고, 밑에 놈들 미국으로 공부 간 놈들은 고등학교 야간 보내다가 외국 사람 사위 얻었어요. 근데 아들 둘 낳고 잘살고 있어. 살다가 나이 먹으니까 저 미국 딸네 집 가서 구경 잘하고.

지금은 노령연금도 나오니까 돈도 필요 없어. 또 어떻게 의원님(김경희 전 경기도의원)을 만나가지고, 지자체에서 근로정신대 갔다는 거 인정받게 도와주셔서 돈이 나와요. 그래서 내가 손주들 목돈 들어갈 때 돈을 줬어. 그거 쪼까썩 모아봐야 죽으면 끝나는 거거든. 그렇게 며느리가 "어머니, 고맙습니다." 그래서 "나는 내 마음이여, 죽으면 뭐 하냐. 아, 죽어서는 줄 것도 없어." 하하하.

걱정 하나도 없어. 나는 기도 할지도 몰라요. 여기 앉아서 일어나면 고맙습니다. 도와주셔서 고맙습니다. 곱게 가기만 하고 우리 자식들 건강한 것만 그게 걱정이잖아요. 하도 지금 100세 시대라냐 뭐 120

세 시대라냐. 썩은 놈 소리 하지도 말아.

아쉬워요. 너무 아쉬워. 실로 죽고 싶진 않아. 어디 죽고 싶어요? 안 죽고 싶지. 그래도 자석들 건강할 때 가야지. 잠잘 때. "어제 봤는데 죽었어." 이 소리만 들었으면 좋겠어. 아쉰 것 없어, 그러면은.

정희진 할머니(상주)

홀어머니의 교육열

나는 1934년 갑술년생인께 91살이야.

고향은 경상북도 상주군 화서면. 그 당시는 화서라고 그랬는데, 화령이에요.

아버지는 글자는 아는 양반인데 뭘 했는가는 몰라. 일찍 갔응께. 친할아버지가 방앗간 하셨고, 아버지는 오빠랑 나를 낳으시고 26살에, 엄마 나이 27살에 가셨어. 오빠는 나보다 5살 많을 거야. 작년에 돌아가셨지.

엄마가 혼자서 농사지어서 두 남매를 키워주신 거지. 그 시절엔 집

안에 땅마지기 있으면 그것만 다 일구고 살았잖아. 집안에 논도 별로 없었어. 아버지가 기집질(바람 피는 일) 한께 일찍 가면서 다 팔아먹고. 논은 두 마지기, 밭떼기는 얼만가는 모르고.

가난한데도 엄마가 학교를 보내주셨어. 우리 엄마는 똑똑한 양반이에요. 그 당시에 한문, 한글 다 아는 양반이야. 그러니까 나를 9살 때 학교에 입학을 시키지. 그때는 국민학교도 다들 잘 못 가고 그랬어. 학교까지는 20리(약 8km). 그걸 걸어댕겼어. 그 20리를 엄마가 같이 걸어가서 학교 앞에까지 갖다 놨는데, 그런 할머니(엄마)가 어디 있어? 공부 못하면 얼마나 난리여. 아이고 난리가 나요.

사이렌이 울리면 운동장 굴속으로

학교에 한국 선생은 하나고 다 일본 선생이니까 일본어로 수업했을 거예요. 그때 나는 '가타카나'만 알았고 지금은 다 머릿속에서 없어졌응께 몰라요.

학교 가면 일본 쪽을 향해서 절하는 거(궁성요배), 그거는 있었어요. 그리고 학교에서 가라고 하니까 친구나 선생님들이랑 같이 신사참배[1] 하러 갔어. 일본 아이들만 댕기는 학교가 따로 있었어요. 거기다 신사

---

1) 일본은 민족의식을 말살하고 일제에 대한 신민의식을 주입하기 위해 매달 6일을 '애국일'로 정하고 조선인에게 의무적으로 신사참배를 강제했다. 일본 천황을 현인신現人神(인간의 모습으로 세상에 나타난 신)으로 모시고 숭배하는 신사를 조선, 대만, 만주에 세워 국교로 받아들이게 했다. 특히 1936년 미나미 지로南次郎 조선총독은 '국민 정신 총동원'을 하기 위해 조선의 모든 읍면에 신사를 설치해서 모든 조선인들에게 신사참배 하도록 강제했다. 신사참배에 불응한 교회는 폐쇄되고 교인은 투옥되었으며, 장로계 학교는 폐교됐다.

를 잘 차려놓으면 우리는 그리로 가. 한 달에 두 번은 갔는가 모르겠어요. 한국 학생들이 모여서 정해진 날짜에 그쪽에 가서 신사참배하고. 신사참배하러 가면 손을 모아서 이랬는가? 이랬는가? 시키는 대로 하고 따라댕기지.

그 당시에는 학교 안에 방공호가 있었어요.

운동장에다가 방공호를 여러 개 파줘. 학교에서 사이렌 돌리잖아요. 그러면 얼른 굴속에 들어가야 돼. 난리가 나. 그 굴속에 전교생이 한 곳에 다 들어가서 모여 앉는 게 아니라, 다 각자 방공호에 서너 명씩 들어가지. 그 당시는 또 남자는 남자대로 가고 여자는 여자대로 가고 그랬지. 방공 훈련은 아무래도 1, 2학년 때보다는 3, 4학년 때, 해방되는 해에 더 많이 했겠지.

학교 다닐 때 일본말 인사나 노래 같은 건 다 잊어버렸어. 지금 일본말이 또 생각나네. '구다사이'는 받는 거. 학교 다닐 때 가끔 친구들 중에 한국어로 얘기하면 벌서고 얼마나 야단맞는다고. 그러면, 방공호 파 놓은 데 뚜껑 열고 들어가 한 시간 넘어 있었겠지. 어린애가 거기 혼자 들어가 있으면 무서우니까 일본어를 잘 못해도 일본어를 할 수밖에 없겠지. 지금은 기억에 없지만 일본어로 뭐 외워오라고 한 것도 있었고.

학교에서 무슨 노래도 하고 운동회도 하고 체조도 했었어요. 운동회 하는데 나도 달리기해서 상도 한 번 탔어요. 그 상장도 있었는데 지금은 다 어디로 가고 없어요.

학교에서 솔방울 따러 가는 거 따라댕겨야지. 그거는 일본 선생이 앞장서서 가. 수업 시간인데 공부 안 하고 산으로 그거 따러 가. 솔방울 갖다 내고, 송진 덩어리도 선생한테 줘야돼. 그 당시는 일본사람들이 그걸 기름으로 생각하고 잘 가져가요. 전쟁할 때 비행기 연료로 송탄유가 쓰인다고 가르쳐주니까 솔방울이랑 송진을 땄지.

일본놈도 울고 갈 울 엄마의 쌀 감추는 비법

그리고 집에서 어머님이 농사지은 것도 나라에서 가져가니까 그거는 못 가져가게 숨겼어요. 마루 밑이 아니고 그 당시는 부엌이 따로 있잖아. 부엌 바닥 흙을 이렇게 파가지고 항아리를 거따가 묻고 그 항아리 안에 쌀 같은 먹을 거를 붓고. 그 위에 솥뚜껑을 덮어서 감췄어. 그래가지고 거기다가 또 가마니를 덮고는 흙을 많이 부었잖아요.

그러면 쌀 공출 받아가는 사람들이 또 와서 툭툭 바닥 치며 댕겨요. 일본사람이. 그 당시는 주로 일본사람이지. 그러면 거기서 흙소리가 나면 아무 소리도 안 하고 그냥 가고.

우리 엄마는 참 똑똑한 할머니라. 다 가고 난 다음에 그냥 놔두고 있다가 해방 후에 그걸 다 뜯어가지고 거기서 쌀 꺼내서 죽 끓여 먹었지요. 그 당시에 쌀이 없어, 그냥 살았어. 여자 혼자 농사지어서 가족들 먹고살기도 힘든데 공출이 있어서 그걸 또 뺏어가려고 오는 거예요.

놋그릇은 자꾸 감춘께 남았어요. 저기 화령, 그거는 산골이라 산골. 거기 산에 있는 동굴 속에다가 놋그릇을 막 갖다 놓고 그랬잖아요.

일본사람이 산골인데도 이 지역으로 직접 많이 왔어요. 경상도에서도 상주가 아주 똑똑한 동네예요. 그러니까 그래 개발이 잘 됐어요. 난 당시에 일본이 더 좋은 줄 알았지요. 일본 선생은 그냥 이렇게 높이 위에 있고 나는 밑바닥 땅이고, 그렇게만 생각을 하고 살았어요. 면서기나 구장이 일본사람들을 데려오잖아요. 이 일본사람들이 숨겨놓은 쌀 찾으려고 땅바닥을 찌르러 구장을 따라댕겨. 나는 구장이 최고 좋은 줄 알았어. 높은 사람인 줄 알았더니, 아니야. 지금 본께.

그 당시에 다들 쌀 공출하니까 음식이 부족해서 죽을 많이 먹었지. 그래도 우리 엄마는 안 굶겼어요. 죽이라도 그냥 먹게 해줬지. 그러니까 난 지금도 죽이라면 잘 먹어요. 우리 엄마는 우리 먹여 살리느라 만날 일하러 댕기고 없은께 친구들이 우리 집에 와서 많이 놀고들 갔어요.

사육신 읊어주던 우리 엄마, 해방되고 어떤 마음이었을까?

해방된 거는 4학년 때 사이렌 소리 듣고 알았지.

방송으로 조선이 해방됐다는 얘기를 들었는데 그때는 해방이 뭔지, 그런 것도 모르지.

근데 일본사람들이 자기 나라로 돌아가니까 이게 해방인가보다 하고 실감이 좀 났지. 그렇게 이제 또 면에서 면서기들이 와가지고 이런 소리 저런 소리 하며 다 알려주고. 일본사람들이 가고 나면 이제 우리 한국 선생님이 또 나와서 대한민국 그런 소리를 했어요. 대한민국은

5학년 넘어서(1948년) 대한민국으로.

우리나라가 해방되기 전이랑 후에 이렇게 바뀌었다는 건 우리 엄마한테 들었어. 우리 엄마가 똑똑한 할마닌께, 역사를 얼마나 잘 안다고. 우리 엄마 생각만 하면 저기 사육신묘 얘기해 준 생각이 나요. 그래 내가 그 사육신묘에 가면 이렇게 참배도 하고. 그런 엄마가 우리가 해방되었을 때 어떤 마음이었을까? 그건 내가 너무 어릴 때니까 몰라. 우리 엄마만 알겠지.

해방됐을 때 내가 12살이었어요. 당시에 국민학교를 안 다닌 또래 친구들도 많지요. 졸업하고 나서는 집에서 우리 엄마 농사짓는 거 그 그 들여다보고.

중학교도 못 올라가고 나는 그걸로 끝나는 걸로 알고 엄마 따라 댕기면서 밭매는 거 그런 거는 잘했어요. 5살 많은 오빠도 국민학교 나오고 엄마 도와서 농사짓는 일만 했죠.

나무도 몽땅 전쟁터로 끌어가서 민둥산

해방 직후에 일본놈들 가고 나니까 산이 다 벗었잖아요. 일본놈들이 나무를 실어서 다 가져가고. 그래서 여기 대한민국 산이 다 벗었어요. 산에 흙덩어리밖에 없었어요. 일본사람들이 나무 베어가는 거 다 봤어요. 크고 작은 나무를 다 가져가요 들. 일본사람들이 전쟁을 치러야 되는데 그 당시는 기름이 적잖아요. 장작이 필요하니까 가져가야 된다, 그러면서 우리나라 산의 나무를 다 잘라갔어요.

그러고 나니까 해방되고 나서는 그만 산에 돌아다니면서 나무 심어야 되잖아요. 그래서 산에 나무 심는 일을 했어요. 사흘 나무 심으면 밀가루 받았는데, 밀가루도 외국에서 공짜로 지원 받아가지고 그러고 살았어. 마을에 나무 하나 없는 민둥산이 산에 그렇게 동네 사람들도 많이 가서 심고 댕겼어요. 일 쉬는 사람만 가는 게 아니고 의무적으로 다 가야 되는 거예요. 다 먹을 게 없잖아. 그러니까 다 나무 심으러 따라 갔어요. 그게 좋은 건 줄 알고.

오빠 따귀 때려서 살려낸 우리 엄마

그러다가 나중에 6·25가 난 거예요. 6·25 때 피난도 갔지. 아니 다른 데는 안 가고 그 동네에서 땅굴 파논데, 거기 들어가고 그랬어. 상주 거기가 산 덩어리야. 전쟁 났다고 하니까 산골인께 숨으려고 땅굴을 판 거야. 동네에 다른 사람들도 다 자기네 집 가까운 데다가 또 땅굴을 파. 땅굴 속에 잘 들어가지.

그쪽으로 인민군이 들어왔다고 하는데 동네에 와서 어떻게 하고 갔다는 이야기도 이제 세월이 지나니까 기억이 안 나요. 군인들 오면 땅굴 속에 숨고 피해 지내서 무슨 전쟁 피해 같은 건 없었지.

그리고 오빠가 인민군에 끌려갔는데 우리 엄마가 상주까지 가서 다시 끌고 왔어. 그 할머니(엄마)가 참 똑똑한 할머니라서. 우리 엄마가 오빠를 약간 뭐랄까 정신이상자 취급을 하면서 "무슨 네가 군대를 가냐?"고 오빠 따귀를 때리고 호통을 쳐서 집으로 데리고 오려고 연기를 했어. 그런 걸 잘해. 인민군들이 오빠를 데리고 가봤자 전쟁에 도움은 안 되고, 문제만 일으키겠다 싶어서 놔줬겠지. 그 할머니가 그렇게 똑똑한 할머니다, 나는 그것만 생각을 하지. 하하하.

귀한 딸 늦은 결혼에 인물 좋은 신랑

6·25 때도 이렇게 아슬아슬하게 넘기고, 결혼을 안 하고 노처녀로 지냈어. 우리 엄마가 이 세상에는 내 딸 같은 사람은 없는 줄 알고. 선보러 오잖아요, 저기다가 갖다 놓고는 문 닫아버려요. 그러면 그 당시는 동네 할머니들이 그 집 딸은 인물이 뭐가 어떻고 어떻고 그러잖아. 그러면 우리 딸은 안 보여준다고 했어요. 너무 귀해서 못 보내는 거야.

오빠는 일찍 결혼했지. 6·25 후에 한 스무 살 넘어서 결혼했는가 몰라.

우리 엄마가 이 세상에 내 딸 같이 귀하고 생기기도 이쁘게 잘생긴 사람은 없는 걸로 알았어요. 그러니께 어려운 형편에도 한글도 가르쳐주고 학문도 좀 배우라카고 서당에도 보내고 그랬잖아요. 국민학교 졸업하고 나서 서당에 1년 정도 갔어요. 그러니까 내가 지금도 날마다 아침에 일어나서, 우리 엄마 사진을 보고 "엄마 나 잘 잤어!" 해요. 그거밖에 없어요.

그러다가 26살에 하룻밤 새 "너 혼인 정해놨응께 가서 맞절하고 그 집으로 가면 된다." 그것만 들었어요. 결혼했을 때 시키는 대로 맞절하러 가서 이렇게 보니까 인물이 좋아.

남편은 카추샤 다녔어. 카추샤에다가 인물도 좋고. 그렇께 내가 이 세상에 최고인 줄 알았지. 그랬는데 내가 요렇게 품에 끌어안으면 그 사람도 괜찮은 사람이야. 재산 관리를 내가 했어야 되는데, 내가 그걸 이렇게 피하고 그걸 잘 못해서 재산을 많이 못 지켰지. 나는 아이들을 국민학교까지는 내가 붙들고 있어야 되는 걸로 알고 이렇게 아이들 만 품에 끌어안고 있었어요. 그랬는데 지금 지나와서 생각해 보면 에미가 똑똑해야지 자식들도 더 잘 키울 거거든. 혼자 그런 생각을 많이 해.

반장 엄마의 관악산 등산과 민주화 운동

아들 하나. 1남 3녀를 낳았어.

큰아들을 60년 1월에 낳았으니까 내가 58년이나 59년쯤에 결혼했겠지. 우리 아들이 국민학교 3학년인가 4학년인가 반장했어. 그리고 애들이 너이(넷)가 다 국민학교 반장을 해서 반장 엄마야, 하하하. 반장 엄마면 최고야. 참말이야. 내가 그러니까 최고 좋은 거야. 지금보다 그때가 제일 좋았지.

내가 경제력이 없어서 아파트 짓는 공사장도 다니기도 했지만, 저들이 각자가 공부하느라 힘들었겠지.(정희진 할머니의 자녀분은 한의사, 교사, 화가, 전 경기도의원) 저희들 각자는 괜찮아. 사람이야 그냥 사람이지 뭐.

그런데 그 민주화 운동하는 아들 때문에 애먹었어요. 하하하. 민주화 운동하러 가는데, 관악산을 내가 한 달이면 두 번씩 꼭대기까지 가요. 관악산 연주대에 기도하러.

아들이 감옥에 있으니까, 기도하고 민가협 활동하고. 또 민주화 운동하는 사람들 모이는 명동 성당 앞에도 많이 갔지요.

70대 말에 민주화 운동하다가 감옥에 간 아들을 면회를 다니면서, 김대중 대통령 면회 오신 이희호 여사님도 종종 봤어요. 그분은 속옷하고 양말까지 꼭 정갈하게 다려서 가져오셨어. 지금도 생각나. 보통 분이 아니시구나 생각했지요.

일제강점기, 6·25전쟁, 그리고 민주화 운동을 지나서

내가 일제시대, 6·25 전쟁 다 지내고 민주화 운동까지 지냈지. 그래서 지금이 제일 좋아. 시부모님, 어머니, 남편을 내 손으로 돌보다가 보내드렸고, 이제 내가 건강하고 저들 편하게 잘 있고 사남매가 다들 건강하잖아요. 지금은 내 혼자 사니께 내 마음대로 하고 아주 편해요. 그런데 자식들 오면 빨리 가라고만 야단을 쳤지. 어서어서들 가서 빨리 자기 일들 잘하라고.

나는 사회복지관에 10년 동안 일주일에 세 번씩 가서 서예를 배워서, 지난 12월에 상을 탔어요.(남부서예협회 입선) 다른 상 탄 사람도 있겠지만. 우리 엄마가 치매를 앓다가 가셨기 때문에 나는 이렇게 서예도 배우면서 매일 불경 필사하고 책 읽고 퍼즐 맞추기를 열심히 하고 있어요.

내가 치매에 걸려가지고 이 집 저 집 쫓아댕기고 병원에 갖다 놓으면, 나는 모르겠지만은 옆에 사람이 힘들잖아. 그렇게 요 방에서 가만히 들어앉았다가 하룻밤 새에 가는 게 제일 좋다, 생각하고 새벽에도 일어나면 2시간씩 다른 사람이 듣거나 말거나 관세음보살이라고 고함을 지르고. 내가 혼자 들어 앉았응께 배짱이 편해요. 그거밖에 없어요. 다른 건 없어요.

우찬택 할머니(금왕)

쑥을 먹으면 부황이 안 난다나

나는 1928년생 97살이고 용띠여. 아휴, 징그러워.

그리고 고향은 금왕인데, 음성 밑에 있어.

부모님은 그 옛날에 농사지셨구. 우리 형제는 딸이 셋, 아들 하나 해서 4남매야. 아들이 귀한 집이라 남동생 보라고 내 이름을 남자 이름으로 지어주셨는데, 남동생이 맨 마지막에 생겼지. 지금은 아들 동생은 죽었고, 딸만 3자매 남았어. 여동생 둘이 나를 엄마같이 생각해. 남동생이 일찍 간 건 아닌데, 내가 너무 오래 살았어.

하도 옛날이라, 있는 집 친구들은 핵교도 댕기고 하지만, 나는 핵교도 못 댕기고 집에서 애기나 보고 밥이나 하고, 공기 받고, 사방치기 하고 놀면서 세월을 보냈지.

해방 전에는 야학도 없었고, 해방되고서는 저녁에 국문 깨치려고 야학인가 그거 하러도 가고 그랬지.

그때는 핵교가 귀해서 안 가고, 여자는 또 배워서 뭐 하느냐고 안 가고, 뭐 이래저래 핑계김에 안가고.

그리고 그때는 일본 순사들이 칼 차고 덜그럭 덜그럭 댕기고 그랬어.

일제시대 때는 공출하라고 그래서 떡 같은 것도 마음대로 못 해 먹고 농사지은 쌀도 이렇게 땅에다 묻어서 감추고 그랬었어. 그러니 아무래도 흡족하게 못 먹고 그랬지. 배고프면 그때는 쑥을 먹으면 부황이 안 난다나? 그래서 쑥 뜯어다 가루 조금 이렇게 넣고 쪄서 쑥버무리해서 먹고 그랬지.

기지배 공출한다는 바람에 열일곱에 시집

내 나이 17살에, 그러니까 일제시대 때 기지배 공출을 한데나 뭘 한데나 그래서 시집을 일찍 갔어. 안 간 사람도 있긴 있었어. 근데 공출을 한다니까, 부모네가 겁나는 사람은 그냥 시집을 일찍 보냈어. 잘 가는지 못 가는지도 모르고 그냥 그렇게 했지. 결혼을 늦게까지 안 한 친구들은 그냥 집에 있었지. 17살이면 지금은 애긴데. 여자 공출한다는 바람에 그렇게 일찍들 했지.

나는 17살, 남편은 나보다 세 살 많았나 그랬어. 남편은 농사짓다가

77살인지 몇에 돌아갔어. 우리 남편은 일본에 끌려가거나 하지도 않았어. 우리 친정은 금왕이고, 결혼하고서는 여기 감곡으로 와서 살았구.

일제시대 때도 우리는 창씨개명 같은 거 안 했어. 그냥그냥 그 이름이야. 이름 안 갈고. 그저 엄마 아버지는 오까상, 오또상 뭐 그렇게 부르더구만. 남동생은 오또또 하더라고. 그때만 해도 그런 건 아니까.

그냥 지나간 세월이니까 그냥 그렇지 17살 먹은 게 뭘 알아. 뭐가 힘든지나 알았겠어? 동생들은 해방되고서 지들이 연애 걸어 결혼해서 나처럼 일찍 하지는 않았어.

일본말 대신 한글 배우고, 쌀 안 감춰도 되니 좋지

해방 소식은, 당시 우리 큰아버지가 이장을 봐서 쉽게 들었어. 그래도 처음엔 긴가민가하니까 맘대로 얘기도 못 하게 했어. 그러고 나서 확실히 해방된 걸 알고 난 후에는 마을 사람들 모두 좋아했지.

여기 고향에서 사니까 일본사람들을 보긴 봤는데, 그네들이 해방되고 일본으로 쫓겨 갔잖아. 다 저희 고향으로.

일제시대에서 해방되자 우리는 야학을 시작해가지고 국문을 배운 거지. 야학에서는 가나다라를 가르쳐주는데, '가' 자에 'ㅅ' 하니까 갓하고, '나'자에 낫하고 이렇게 처음에 배웠지. 가나다라를 그렇게 했잖아. 좀 젊었을 때지만 그것도 동생들 보라고 잘 못 나가게 해. 그래도 국문이라도 깨우쳐가지고 지금 글을 알아보는 거지. 야학 선생님들은 남자들인데, 저녁에 가르쳐. 낮에는 일하고 아기보고. 어떤 집이 사랑

방을 내줘서 거기 가서 배우는데, 틈틈이 겨울에 하고, 또 다른 사람 할 때 또 배우기도 하고 그랬지.

그래도 해방되고 나서는 쌀을 안 감춰도 되니까 살림이 좀 나아졌다고 볼 수 있지.

그리고 6·25 때는 남들은 피난 간다 하는데 어디로 갈 데도 마땅치 않고 그래서 안 갔어. 그때 "북한 군인들이 내려온다는데 피난을 왜 안 가느냐? 인민군한테 뭐 해주려고 안 갔냐?", 그런 소리는 들었지만 별 고통은 없었어. 해방된 후에 그 동네 남자들이 그때는 빨갱이다 뭐다 해가지고 고통 받는 사람들은 많이 받았지.

엄마 중하다는 거 아니까 기쁘지

일제시대 때 기집애 공출한다니까 일찍 결혼해서 자식 낳고 산 거지. 자식은 아들 여섯에 딸 하나. 7남매야. 제대로 가르치지도 못했네. 나는 계속 농사지어서 자식 가르치고. 지금 아들들은 다 서울 살아.

나는 지금까지 살면서 넉넉하질 못하니까 늘 힘들었어. 자손들 어려서, 식량 곤란도 조금 겪었다면 겪은 거고. 이제는 애들 컸으니까 먹고 사는 건 괜찮아. 땅도 사고 과수원 하는 거 해 먹고 그러니까 먹는 걱정은 안 해. 이제는 그 애들이 엄마 중하다는 거 알고 하니까 기쁘게 지내지. 지금이 제일 좋아.

특별부록 권○○ 할아버지(문경)

소나기가 와도 뛰는 법 없는 가난한 선비 집안

나는 1929년 문경에서 태어났어요. 5남매인데 내가 맏이라서 애를 먹었어요.

옛날에는 지금 같지가 않았어. 장남이면 부모만큼 다 해야 돼. 동생들 공부도 전부 내가 벌어가지고 내 돈으로 시켰고. 아버지는 아무 직업도 없이 농사를 지었어요. 했다고 해도 농사도 아니고 쬐그만하게 자급자족할 만큼. 아주 가난했지. 아주 가난했어. 우리 집보다 더 가난한 집이 없었어.

아버지는 형제 없이 독자였어요. 나는 삼촌, 사촌이 없어. 아주 외로

웠죠.

창씨개명은 성만 미하라三原로 하고 이름은 안 갈고 한국 이름 그대로 썼어요.

할아버지가 안동에서 최초로 학자를 했어. 그래가지고 집안이 왜놈한테 다 떨리뿌고. 글밖에 아는 게 없으니께 학당, 서당을 차려놓고. 그 전에 합병될 때 장릉 참봉을 지냈어. 왜 왜놈들한테 다 떨렸다고 하냐면, 우리 할아버지가 3형제분인데 중간 할아버지가 합병될 때 궁내부 주사를 했어. 다른 분들은 전부 벼슬을 치우고 고향으로 돌아왔는데 그 둘째 할아버지만 왜놈한테 붙어가지고 동네 총수를 했어. 그래 지금 부산 경찰서장급이지. 그러면서 왜놈하고 무슨 사업을 한다고 하면서 형한테는 못 그러고 동생한테, 우리 할아버지가 동생이 되지, 그러니까 보증을 서달랬어. 그래가지고 안동 땅에 당시 300평이한 마지기인데, 255마지기 그걸 전부 보증을 섰다가 왜놈한테 완전히 사기를 당한 셈이지. 자기들도 망하고 내 종조부도 망하고 우리도 망하고 그래, 둘째 할아버지가 형한테는 감히 달라 소리를 못하겠지. 그래 재산을 형만 가지고 있었어.

친조부, 고조부가 안동에서 이름난 부자였고 학자였어요. 지금도 문집이 있습니다만. 친조부가 과천 현감을 하고 나서 대원군이 경복궁을 재건할 때 거들어줬어요. 문경에 오게 된 게, 친조부가 경복궁 재건에 필요한 나무가 여기 것이 좋다고 해서 문경에 나무를 가지러 왔다가 여기가 피난지로 좋다고 해서 합병당하기 전에 여기에 틀을 잡아서 왔었지.

우리 아버지가 아주 암껏도 몰랐어요. 글밖에 몰랐어요. 정말 옛날 선비들의 나쁜 점맹키로, 탈곡해서 마당에 널어 논 벼를 비가 와도 한 번 걷을 줄 모르는 게 옛날 선비랬어. 그리고 소나기가 와도 뛰어가는 법이 없고. 아주 전형적인 그런 집안입니다. 그러다가 해방되고 나서 먹을 게 없어서 다 고생했죠.

10km 학교 가면, 노동 동원되어 전쟁 준비

여기서 문경국민학교가 10km인데 내가 걸어서 통학했어요. 내가 댕기는 건 괜찮은데 우리 어머니가 애먹었지. 일찍 일어나 나 밥해주고 또 식구들 밥을 해 먹이고 여기 오다 보면 솔밭이 있어요. 솔밭 거가 당포라고 하는데 거기 간 다음에 날이 새야만 지각을 안 해. 당포까지 1시간 걸리니까, 1시간 더 가서 학교까지 꼭 2시간 걸어 다녔으니께.

그 생각해 보세요. 이 학교가 10km인데 그땐 가방도 아니고 보자기에다가 책하고 벤또(도시락) 싸서 여기 책보를 걸머지고 학교에 뛰어가서 점심 먹으려고 보면 밥이 다 뒤섞였어. 공부하고 집에 책보 갖다놓고, 밥 먹고 잠자는 게 일이랬어. 얼마나 일했는가. 쪼만한 게. 14살 먹었는 게 10km를 왔다 갔다 하면 20km 아니라. 그래도 그 학교 나온 덕택에 완전 산다. 하하하.

학교에서 1학년 때부터 일본어로 바로 수업을 받았어요. 1학년 때부터 3학년까지 조선어라는 과목이 있었어. 있었는데 갑자기 지나사변(1937년 중일전쟁)이 났다고 해서. 1학년 때 조선어를 배우고 나는 못 배웠어요. 일본어가 국어고 우리말은 조선어라고 그랬어. 그 왜놈들이. 해방되고 나서 조선어를 몰라서 새로 공부를 했지.

내가 쇼와昭和13년(1938년)에 학교 들어가가지고 해방되기 전전해 1943년에 국민학교를 졸업했어요. 1945년에 해방됐으니까. 국민학교 입학은 만 8살에 해야 하는데 나는 12월생이라서 무려 10살에 학교에 들어갔어. 12월 28일생이거든.

4학년 때 2차대전이 났어요. 그래 4시간 공부하고는 오후에는 송탄유 모으는 일에 동원됐어요. 학교 다닐 때 송탄유라고 하면서 솔가지를 해가지고 와서 이런 독에다가 불을 넣고 하면 거기 송진이 나오거든. 그 당시에 왜놈들이 2차대전을 한창 할 땐데 기름이 모자라서 송탄유를 윤활유 대신 쓴다고 거기에 동원돼 가지고 갔어요. 문경에 이관문 쪽에 소나무가 많았어. 거기 가서 요래요래 톱질해가지고 송진 모으는데, 나는 쪼만하니까 힘도 없고.

지금 또 생각나는 게 4학년 때부터 체육 시간에 체육 한번 못 해보고 맨날 목검술이라고 말이지, 국민학생이 4학년 때부터 목검술을 하고, 6학년 때는 총검술이라고 하면서 모의 총같이 만들어가지고 훈련하고, 공부도 못했어. 또 내가 5학년 때부터 운동장 개간해서 고구마를 심었죠. 식량도 부족하고 하니까. 쌀은 전부 군산을 통해서 왜놈한테 공출 주면서 다 나가버리고. 내뿐 아니고 그 당시에 사람들이 좀 부자라도 공출로 다 줘버리고 먹을 것만 조금 놔두고 해서 식량이 부족했어요.

그뿐만 아니라 이래 놋쇠로 돼있는 밥그릇 있잖아. 전부 공출 다 하고. 그걸 가져갈 때 읍에서 보국대[1]가 와서 가져가는데 순사보다 더 무서웠어. 보국대는 한국사람이지. 전부. 아이고 왜놈은 거기 없었어요. 읍사무소 같은데 왜놈은 없고 전부 친일파들이지.

전쟁 관련해서 다른 거는 마쿠사馬草라고 하면서 말 먹이, 풀을 비가지고(베어가지고) 말려가지고, 몇 근을 짊어지고 가고 그랬어요. 전쟁이나 마찬가지로 공부를 못 했던 거나 한 가지. 공부는 4시간밖에 못 하고 나머지는 전부 전쟁준비에 동원됐어.

궁성요배, 신사참배, 국어 상용 – 반왜놈이 됐어, 내가.

그리고 학교에 들어서면 궁성요배[2]라는 것도 해야 돼. 동쪽을 향해가지고 반드시 천황 사는 데다가 절하고. 지금 뭐라 하노. 일본 국가, 기미가요도 불렀지. 지금도 외워요. 기미가요와 치요니야치요니 사자레이시노 이와오토나리테 고케노무스마데(천황의 시대는 천 대 팔천

대에 조약돌이 바위가 되어서 이끼가 낄 때까지). 내용은 참 잘 지었어요.

이래 목소리가 나빠가지고, 음악 점수를 한 번도 '갑' 맞아 본 적이 없어. 다른 거는 공부를 잘 해가지고 만날 1등은 했어도 을이 두 개 있었어요. 음악하고 체육하고.

학생들이 조선어는 안 배우고 국어인 일본어만 읽을 수 있게 했으니까 다들 일본어를 잘해요. 친구들끼리 한국말 했다간 '국어상용' 팻말을 여기다 갖다 걸고, 전부 청소 다 하고. 고놈 왜놈들이 지금 생각해도 못 됐어요. 독일 병정이 나쁘다고 그러지? 왜놈들도 나빴어요.

나는 머리는 좋았는지 2등도 크게 안 하고 전부 1등으로 나왔는데, 난 이런 거에 걸린 적 없어. 반왜놈이 됐어, 내가.

그래도 집에 돌아오면 일본말 모르는 어머니, 아버지, 동생들하고는 조선말을 사용했지. 다른 친구들도 다 집에 가서는 조선말 사용하고. 신사참배도 다녔어요. 문경 같으면 신사는 따로 있고, 지금 교촌이라고 하는데 향교 옆에 신사 지어놓고 월요일마다 거 가가지고 참배하고. 집에는 그 가미나다神棚(신단)라고 모셔놓고 절하라는데 그거 누가 하고 싶은 사람 어디가 있어. 내가 한번 열어봐야 아무것도 안 들었는데, 이래 손뼉 세 번 요래가지고 요래가지고, 짝짝짝 절하고. 꼭 고래 해야 돼.

그리고 왜놈들한테 어릴 때부터 압박을 받았어요. 예를 들어서 왜놈 학교 아아들하고 우해다가(어쩌다가) 싸우면 혼납니다.

내가 다녔던 심상소학교에는 학생들이 1,100명. 교가[3]에도 나와요. 나는 촌에서 와서 한 학급, 또 문경 가까이 오면 한 학급 해서, 두 학급이라 했는데, 여자하고 남자하고 공학을 했고. 한 반에 75명이지 싶다.

학교에 선생님은 전부 일본인 선생님이었어요. 한국인 선생님은 몇 없었어요. 교장은 물론 일본사람이었지. 교장 선생은 왜놈의 작위를 받아서 훈등勳等이 있었어. 그리고 한국인 선생님이 두 분인가 세 분인가 있었어요.

동원돼서 일만 하고 다녀서 일본인 선생님들 중에 특별히 존경할만한 선생님도 없지만 나쁜 기억이 있는 선생님도 없어요. 난 귀여움을 다 받았으니까. 선생한테 매 한 차례 안 맞고, 머리는 타고난 모양이라. 지금 생각하니까. 2등은 모르고 지냈으니까. 당시에 소학교 때 찍은 사진도 있고 통신부(성적표)는 자랑으로 보관해 놨는데, 6·25 난리 때 다 없어졌어.

가미카제 특공대 가라고 못살게 굴었어

일본인 선생님들은 지금 벌이고 있는 전쟁에 대해서, 세상을 위해서 이 전쟁이 꼭 필요하고 꼭 이겨야 된다고 했지. 대동아 공영권 팔굉일

---

3) 北に主屹の山を負い, 南に聞慶の清流を眼下にのぞむ我が校は昇る朝日の生きに燃え, 千百の健児, 心は正しく, 身は強し。(북쪽으로 주흘산을 업고 남쪽으로 문경의 맑은 물을 굽어보는 우리 학교는, 떠오르는 아침 해의 활기에 타오르고 천백 건아의 마음은 바르고 몸은 강하다)

우八紘一字[4]를 가르쳤지.

그리고 6학년 때는 선생이 만날 학교 마치면 집에 갈 때, 가서 왜 자폭하는 그거, 가미카제 특공대神風特攻隊[5], 그거 가라꼬 못살게 굴었어. 못살게.

집에 빨리 가야 하는데, 선생님 이름이 오자마 뭔데. 선생님이 그러니까 할 수 없이, 할 수 없이 간다고 했어요. 집에서는 내가 그냥 밥 먹고 학교 댕기고 하니께 거기 가는 줄 몰랐어요. 선생님이 하도 못살게 조르니까, 그러니까 간다고 했어요. 여하튼 학교 6교시 마치고 갈 때, 한 30분은 거 가라고 설교를 하니까. 선생님이 나를 미워하지 않고 아껴주셨는데도 가미카제 특공대를 가라고 집에를 못 가게 붙들고서 계속 괴로울 정도로 졸랐어요. 거길 가라꼬. 왜놈 선생이.

신체검사를 대구 가서 하는데, 여기서 열 명이 갔는데 내 혼자 됐어. 신체도 괜찮나 모르지만 지금 생각하는데 눈이 1.7이고 다른 건 몰랐다만은 흠이 없으니께. 그리고 고놈들이 신체가 큰 사람도 좋은 게 아니라 나처럼 작아야 하나 봐. 그 쪼만한 비행기 안에 타야 하니까.

---

4) 일제가 세계 정복을 위한 제국주의 침략전쟁을 합리화하기 위해 내세운 구호로, "온 세상을 덮어 하나의 집으로 삼는다"라는 뜻을 담고 있다. 일본 천황을 위한 세계 정복을 의미한다.

5) 몽고와 고려가 일본을 공격했을 때 두 차례나 태풍이 불어서 일본을 구했다고 해서, 신이 일으켜준 바람 즉, 가미카제神風라고 부른 데서 유래됐다. 제2차 세계대전 때는 패색이 짙어지자 1944년10월부터는 젊은 조종사에게 단발 엔진을 탑재한 전투기에 폭탄을 싣고 전투기 채로 적국함에 직접 충돌하게 했는데, 이것을 가미카제라고 이름 붙였다. 가미카제 자살특공대는 '폐하의 신민으로 국체를 지키기 위해 옥쇄를 각오한다'는 사상으로 무장하고 자살 공격을 하기 위한 훈련을 했다. 가미카제 특공대는 지원병만 받는 것으로 왜곡되었지만 대다수의 비행사는 불복이 용인되지 않는 분위기에서 강제적으로 투입되었으며 이 안에 조선인들도 있었다.

처음에는 가기 싫어했지. 그런데 내가 집이 그렇게 가난한 줄 모르고, 공부 잘하고 하니까 봄 되면 어차피 중학교는 보내주지 싶었는데, 아버지가 중학교는 생각도 말라고 해서 속이 상해서, 거 자폭하는 줄도 모르고 간다고 했지.

선생이 하도하도 졸라대니까 가미카제 특공대에 지원한 거지. 아마 저게 왜놈들 선생 할당이 있었던 모양이라. 확실히는 모르는데.

공군 예비사관학교가 죽음의 가미카제 특공대로

왜놈 선생들이며 교장 선생님이 전쟁 이야기를 많이 해줬는데, 지금 생각나는 게 싱가포르 함락했다는 거. 그게 지금 기억나는 게 미국 항모(항공모함), 프린스 오브 에바로스라 그랬나?(프린스 오브 웨일스로 추정) 그거 격침시켰다고 하고 또 영국의 항모, 레파르소 격침시켰다고 나중에 보니까 전부 거짓말인데.

종전 다 돼 갈 때까지 소년 신문이 있었는데 오사카 매일신문 부록을 보면, 적비행기 피해를 앞세우고 나중에 우리 피해가 얼마라고 적혀 있었는데, 전부 조작이지.

그때는 그게 옳은 줄 알고 해방된 후에 전부 조작인 걸 알았어요. 그래서 일본이 세계를 통일시킬 거라고 생각했지. 허허허. 왜놈 선생들도 팔굉일우라고 가르쳤지, 팔굉일우.

난 어리니까 일본이 꼭 전쟁을 해야하는 이유같은 건 생각할 수 없지. 나 3살 때가, 쇼와 6년(1931년)이죠, 만주사변이 일어났고. 그다음에 쇼와 12년(1937년)에 지나사변(중일전쟁)이 일어났고. 저 미국과 영국과 전쟁한 거는 쇼와 16년(1941년)이지 싶다. 계속 전쟁이 있었기 때문에 당연히 전쟁을 하는 걸로 알고 있었지.

그런 상황이었는데 나중에 집에서 가미카제 특공대를 가지 마라 그러더라고. 부모님은 거기 가면 죽는 걸 알았겠죠. 뭐.

그때 처음으로 느껴봤어. 가면 안 된다는 거를. 놀랬어. 그러니까 왜 놈들이 그거 왜 작위가 있잖아. 장병將兵부터는 고등관이래. 그리고 병장부터는 판임관判任官이래. 관작을 줬어. 그래 거 가서 일본 군인이 되면 판임관을 준다고 하니, 생활이 보장되잖아요. 내 직업이 확고해지니까. 좀 당당하게 세상을 살 수 있다고 생각했지. 준사무관이니까. 지금 말하면, 병장 이상이니까.

근데 선생이 처음에 가미카제 특공대라는 말은 안 했죠. 몰랐죠. 알았으면 그거 누가 가겠어요. 그래 내가 죽는 줄을 모르고 끌려갔을 때는 예비사관학교랬어요. 요비시간각꼬予備士官学校. 나중에 가만히 보니까 가미카제 특공대라는 걸 알게 됐어요.

그래서 신체검사 합격하고 또 필기시험을 경북고등학교에서 치게 되었어. 합격하지 않을 점수가 나오게 일부러 엉터리로 틀리게 막 썼어(써 넣었어). 필기시험 직전에 가미카제 가면 죽는다는 걸 알게 돼서 그걸 합격 안 되도록 일부러 막 엉터리로 답을 써서 떨어진 거지. 그러고 나서 1년 반 후에 해방이 됐어요.

14살 내 친구들은 모두 꼬마 신랑

그래서 심상소학교 졸업하고 해방되기까지 1년 반 동안에는 전공 電工 견습생으로 들어갔어. 여기 높은 주흘산이 있죠.

왜 그러냐면 아버지가 징용을 갔는데 가다 내빼버렸어. 아버지가 도망쳤다고 비국민이라고 배급도 안 줘. 징용 가면 배급을 줬잖아. 거기서 동생들 먹을 것도 배급받았을 텐데.

아버지는 내 국민학교 졸업 맞고 봄, 그러니까 44년 봄에 징용 소장을 받았지. 그래 내 빼가지고 산에서 산으로 숨어 다니면서 가만히 와 가지고 집에 와서 식량 조달해 가지고 가고, 그리고 해방되고.

돌봐야 할 처자식이 있어도 징용으로 데려갔어요. 징용에 두 가지가 있어서 오당 조요横斷徵用(횡단징용: 마을에서 24살 남자들은 모조리 잡아가는 징용)라고 그러지. 그 사람 다음에 일반징용인데, 나이가 20살 되는 거는 징병에 가야 하는 거고, 25살까지는 지금 신문에 많이 나는 미쓰비씨 같은 데, 안 그러면 저 홋카이도로 탄광 같은 데 가서 강제노동하는 거. 어디 가는지는 몰라도 다만 죽어 오는 게지. 많이 죽어 왔어요.[6]

이 지역에서도 징병, 징용 다 갔지 뭐. 그런데 그 당시에 제일 말 하고 싶은 거는 내 친구들이 전부 열넷 열다섯에 장개(장가)를 다 갔는

---

[6] 한반도 동원의 대다수를 차지하는 근로보국대의 경우, 1941년 11월에는 남자 14살에서 40살 미만, 여자 14살에서 25살 미만을, 1943년 12월에는 남자 14살에서~50살 미만을, 1944년 11월에는 남자 14살~60살 미만, 배우자 없는 여자 12살~40살 미만, 1945년 4월에는 남녀 12살 이상으로 확대해서 미성년을 포함한 거의 전 국민을 쓸어가려 했다.

거야.

　남은 처자들이 정신대에 안 걸려가기 위해서 시집은 가야겠고 남자들은 다 징병, 징용가서 없으니, 내 친구들이 어린데 장개를 다 갔어. 그러니까, 하도 없고 해가지고 시집 못간 그런 여자들만 정신대에 걸려가는 거예요. 옛날이나 지금이나 자본주의에요. 돈 있으면 괜찮고 그래. 내 같은 건 장개 못가는 이유가, 하도 집이 가난해 놓은 게. 어느 여자가 굶어가면서 시집을 사람이 있겠어요?

　징병제도를 강제로 하지만, 소위 가들이 말하는 조선반도에 징병령[7]이 일본하고 똑같이 내려진 게 43년쯤 돼요. 그래 20살까지는 징병으로 다 갔다 왔지. 나는 징병은 아직 나이가 안 되니까. 가려고 그래도 못 가고.

　그래서 동네에서 형들이 대부분 다 징병으로 갔는데, 가다 내빼는 놈도 있고 똑같지. 뭐.

　진짜로 전쟁터 갔다가 얼마나 살아서 돌아왔는지 그건 잘 모르겠는데, 지금 돌아온 사람 하나는 기억이 난다만. 내보다 5살이나 위에 김동식이라고 있었는데 해방되고 뭘 한 짐 지고 돌아왔지. 김동식이라고 집이 여기 살았어. 나는 저 밑에 살고. 몇 명이나 갔는지는 몰라도 돌아온 사람은 그 사람 하나. 그것만 알아. 어디에서 전쟁했는지는 잘

---

7) 1938년 5월 8일 조선징병령을 발포하여 소학교 출신 이상의 학력을 소지한 조선인 지원병을 모집했는데, 실제로는 지역별로 할당을 둬서 강제 동원했다. 1943년에는 학도지원병제로 303,000명을 강제 연행했고, 1944년 4월부터는 209,279명을 전장으로 내몰아서 남태평양 등 오지에서 일본군의 '총알받이'로 목숨을 잃게 했다.

모르겠고.

동양척식주식회사 견습생하며 고입 시험 합격

해방 전까지 전공 견습생 할 때 전주도 세우고 요런 사기로 된 것도 하고. 나는 주로 전봇대 같은 거 세우는 일을 많이 했는데 해방 몇 달 전에 회사가 문 닫고 사람들이 대마도로 다 갔어. 이게 도요타쿠쇼쿠 가부시키카이샤東洋拓殖株式会社라고 동양척식주식회사인데, 우리나라 침략해서 수탈하기 위한 회사에요.

동양척식회사에 전공 견습생을 하면서 중학교를 마스터하려면, 중학교 강의록 12권을 다 봐야 하는데, 내가 12권을 한 6번쯤 봤을 거라고. 그 강의록을 거기서 받은 덕택에 중학교는 못 다녔어도 독학으로 고입 시험만 보고 대번에 고등학교 1학년 들어가서 강습과를 나왔어요. 내 나이가 제일 적었어요. 그래가 47년에 졸업했어. 그래 난 학벌이라고는 국민학교 6년하고 고등학교 1년, 7년밖에 안 다녔어요.

먹을 게 없어서 반 굶었지. 내가 영주에 간 이유도, 외가는 잘살았거든. 그래 외가 가서 밥 얻어 먹어가면서 고입 시험에 합격을 했어. 그래 내가 공부에 포원抱冤(원한을 품음) 진 사람이에요. 그리고 고등학교 교사도 검정고시 쳐서 배웠고. 머리 하나는 타고난 모양이야.

일본인 친구도 전쟁 속으로 사라지고

여기 사는 일본사람으로는 사방서 주임이라 하면서 많이 살았어.

옛날에는 나무를 전부 다 베어 가지고 가구에 떼니께 홍수가 많이 났거든. 그걸 이제 사방砂防하는 거지.

일본인 중에 또래 친구 같은 건 없었습니다. 문경에는 왜놈들하고 차이가 있어가지고 왜놈들은 각 지역에서 꼭 소학교라고 하면서 저들대로 공부를 가르치고, 우리는 심상소학교라고 하면서. 참 못됐어. 우리는 심상소학교고 가들은 그냥 소학교고.

그래도 내가 여그 광산에 다닐 때 잊어버리지 못하는 일본사람이 사루와타리 노부쓰쿠라고. 그가 친했어. 그래 같은 해에 거기 전기 깔으려고 왔으니께. 내 상사지 뭐 상사. 그 사람이 많이 친했어. 한국사람을 차별 안 했어. 그 기억이 나. 사루와타리. 그때 사관학교를 지원해서 죽었어. 그래 일본 가가지고 찾아볼라고 그런께 없었어.

그리고 나를 많이 귀여워해 준 고바야시 고이치 선생이 있었는데 거기도 일본 가가지고 찾아보니까 전화번호부에도 없고. 나이 많아 죽었는지, 전쟁이 나서 죽었는지 그걸 모르겠고 찾아볼라고 해도 없어. 광산 전기부 다닐 때 그 두 일본인이 내가 귀엽게 생겼는지 날 잘 봐줘가지고.

내 어렸을 때 해방 전에는 일본사람들이 뭐 그렇게 나쁘다든지 기분 나쁘다든지 그런 걸 몰랐지. 해방되고 알았지. 악랄하다, 그런 걸 느꼈어. 나중에 사범계 책을 보고 나서, 식민지 정책을 못되게 썼구나 하는 걸 느꼈어.

해방되니 우예 사나 싶었지

해방됐을 때 주변 사람들이 다들 좋아했지. 아휴, 좋아하고 말고지, 뭐. 모두 만세를 부르고. 그때 애국지사의 아들이 하나 있었던 것 같애. 학봉 김성일(鶴峰: 퇴계 이황의 제자)의 후예고 할아버지(김용환)[8]가 독립운동가라는데 역시 양반은 다르다 그랬어. 나와서 만세 부르자고 그러는데 같이 부르고.

나는 반일본 놈이 됐어. 아니 완전히 왜놈이 됐어. 우리말은 알아도 국문을 쓸 줄도 모르고. 내가 해방되고 편지를 못 썼으니께. 조선어 공부라고는 1학년 때 1년 동안 조선어 과목 일주일에 1시간 있는 거 그거 밖에 배운 게 없으니께. 다 잊어버리고. 일본이 우리를 식민지로 삼았구나, 나빴구나 하는 건 몰랐지. 1976년에 일본 가가지고 비로소 알았지.

어머니, 아버지도 광복되어서 좋아하셨겠지. 아버지가 내빼서 숨어 숨어 다니다가 돌아왔으니께.

그런데 내는 처음 해방됐다는 소리 듣고 우예 사나 싶었지. 내가 아버지고, 내가 혼자 벌어가지고 온 가족이 먹고 사는데 월급 안 나오면 아이고 어떻게 사느냐 싶었지. 내가 광산에 가서 일해서 그거 타오면 혼자 먹는 양식인데 그걸 너이서 다섯이서 먹으려고 하니 고생했지.

---

8) 김용환: 퇴계 이황의 수제자인 학봉 김성일의 13대손이며 독립운동가로 의병 활동을 창의했던 서산 김흥락의 손자. 도박으로 문중의 막대한 가산을 탕진한 것으로 위장하여 만주 독립군에게 군자금을 보냈다.

그런데 이제 그마저도 못 받게 되었으니.

해방되면 배급할 필요 없이 우리가 농사지은 걸 다 먹을 수 있겠다 싶겠지만 뭐, 뭐가 있어야지. 내가 가진 건 350평, 제일 나쁜 논이었거든. 그거 한 사람분도 안 되는 거.

아버지는 아주 뭐라 그럴까, 전형적인 학자 타입. 아무것도 못해. 어머니는 지금 생각해도 솜씨가 있었어. 재봉틀, 발틀도 아니고 손재봉틀 돌려서 내 옷 다 해주고, 나무 그늘에서 시루를 갖다 놓고 떡을 찔 때 불을 올린다고 그러면서 약간 어려운 모양이라고. 그런 남의 큰일에 음식 하러 불려댕기고. 틀에 박힌 거지만 결혼을 하면은 사돈한테 서로 왕래를 하는 그 글을 사돈지라고 그러는데, 그거 다 써주고 쌀이나 얻어먹고. 하하하.

어머니가 퇴계 이황 자손이라 글도 잘 쓰셔서 편지도 쓰고 가사도 짓고. 또 바느질도 잘 하시고. 어머니는 자기가 워낙 똑똑해 놓으니께 집사람이 애를 먹었지. 하하하. 집사람이 하는 게 마음에 안 들거든.

어린 가장으로 이사를 스무 번

결혼은 내가 24살에, 저 사람은 20살에 했지. 6·25 사변 나고 3년 만에 1952년에 했잖아.

그때만 해도 친구들은 다 일찍 결혼해서 아이를 다 낳았는데 우리 집이 너무 가난하다 보니까 딸을 줄 사람이 있어야지.

교장은 국민학교부터 했지. 본데 교육학에 취미가 좀 있어서, 이제 학교 학과, 학과 학습지도 그걸 내 딴에는 전공을 했는데. 중학교 교감 때는 가기 싫어도 자꾸 전근을 시켜주더니 교장 되고 나니까 돈 안 갖다 준다고 그래가지고 치워버렸지.

그 고생은 했지만 잘했어. 지금 생각하면 까짓거. 지금 교장이 뭐 큰 벼슬도 아니고. 그리고 결혼해서 문경에 살았지. 여기가 고향이니까.

바로 동생은 내가 자랑을 한다면 현대건설 사업본부장도 했고 고다음에 어디 삼성건설 본부장도 했고 나중에는 부사장까지 올라갔지. 잘살아. 큰 부를 쌓았어. 그때 내가 동생들 공부시키는데 월급이나 많았나. 8년 동안 옷 한 벌 못 사 입고 만날 헌 옷만 입고. 그래도 잘 대줬지. 다만 집사람이 많이 애먹었어. 뭐 다른 고생은 몰라도 이사를 스무 번 했으니까.

빨갱이와 무고한 희생자

그리고 6·25 사변 나기 전에 미군이랑 소련이 신탁 통치한다는 얘기는 나중에 일본 신문으로 봤어. 해방됐는데도 일본 신문이 들어왔었어. 지금도 기억이 난다. 죠센니 군세이까朝鮮に軍政化(조선에 군정화)라고 써 있었어.

6·25 전쟁 났을 때는 피난을 좀 나가다가 못 나가버렸지. 그냥 여기 있었어.

그 북한 놈들이 아주 전술을 잘 썼고 소련한테 군비를 전부 받고 탱크까지 받았지만, 여그는 아무것도 없고 연습용 비행기 몇 대 있는데 와가지고 바로 폭격 당해버려서 없고. 그리고 여그는 국군이 아니고 국방경비대만 있었어. 북한이 교차 전술을 썼는기라. 이래 이래. 이렇게 중간은 가만히 앉아서 안 싸우고 덕 보잖아. 이래 교차해서 이래 가고 이래 가고 하니 남은 게 낙동강 쪼만치 밖에 안 남았는기라.

온 가족이 피난 가다가 못 가고 집으로 돌아왔지. 여기서 피난 간 사람은 부자들뿐이야. 부자들도 두 집 가고 다 못 갔어. 다행히 집으로 공산군이 쳐들어오거나 그러진 않았어요. 전쟁하는 사람 따로 있고 그 뒤에 수습하는 치안대, 민심 수습하는 군이 따로 있었어.

치안대가 와서 사람 모아놓고 공산당이 좋다고 강연하고. 뭐 노래를 해가면서. 여기는 지금 사람이 적지만 이 마을은 한 100호 되고 저 장터는 한 20호도 안 됐어. 지금은 반대가 됐지만. 여기 인민군이 주동하니께 모두 불려와가지고 노래도 하고, 공산주의의 좋은 점도 얘기하고, 그런 걸 했지 싶다. 그렇다고 해서 누가 그걸 좋다고 하나? 내 직업이 없어졌는데 누가 좋아. 월급도 못 받고.

공산주의에 빠져있는 사람들은 보도연맹이라 해가지고, 국군이 나가면서 다 총살시켜 버리고[9] 우리야 선생님을 하고 있으니까. 난 사상이라고는 지금도 안 좋아하지만, 제일 싫어하는 게 정치야. 아이들한테도 제발 정치인은 되지 말라고 그래. 순 도둑놈들이고 국민의 피땀만 흘리게 하죠. 국회의원부터가 좀 나는 마음에 안 들어.

공산주의 교육을 받고 그 사상에 빠진 사람들을 여기서는 남로당이라고 했어. 농암면에 가면 남조선 빨치산 대장이 있었어. 김 뭐라 그러는데, 그래가지고 많았지, 빨갱이가 많은 셈이야.

이 마을 사람들 중에도 있었지만 누군지 모르지. 밤에 와가지고 섞이기도 하고 내빼고. 누군지 알 수가 있어야지. 같이 살아도 뉘가 뺄갱인지 모르지. 죽을라고 내가 뺄갱이다 하는 소리 하겠어.

활개 치고 다녔던 보도연맹은 다 죽였어. 마을 사람 중에 여기서도 보도연맹이 하나 하나 하나 . 그중 술도가 사장도 있었어. 나중에 그 아들이 경기고랑 서울대학을 나와서 내무부 국장까지 한 사람인데, 그 아버지가 보도연맹이라고 해가지고 전부 데려다가 점촌 모르지? 점촌 읍내 소재지 뒤에 가가지고 싹 다 죽여뻐렸어. 국군이 후퇴하면서 총 쏴서.

이 마을에는 국군이 들어와가지고 한 놈을 뭐라 했는지 와서 뚜드려 패고 하니까 아는 대로 사람 이름을 대 가지고 억울하게 열 몇 집이 그 끌려가 가지고 다 죽어버렸어. 한 여나무 명 되지. 그때 그 큰 집 6촌 세일이 아버지 죽을 때 거기도 죽고. 그래, 같은 날 제사 지냈어. 6·25 나기 전 일이야

아, 그때 국방경비대 소위라고 하면, 군수보다 나아. 살생권을 가지고 있었으니께.

---

9) 1948년 12월 국가보안법에 따라 '극좌사상에 물든 사람들을 사상전향' 시킨다는 취지로 보도연맹을 만들어 체벌하며 반공교육을 시켰다. 실제 좌익사상가 외에 보도연맹 인원의 할당량을 채우기 위해 일반 농민, 학생들까지 이름이 올라 있었다. 6·25전쟁 직후 7월 초에 국군과 경찰은, 보도연맹원이 인민군에 합세할 것을 우려하여 학살했고, 이후 빨치산 등 좌익 세력은 다시 반대파를 집단학살하여 결국 10만 명 이상의 민간인이 희생되었다.

나는 그래도 공무원이었으니까. 선생님이니까 아무 일 없었지.

진짜 공산당 아닌데도, 막 맞으니까 아무 이름이나 막, 대니까 그 사람들 끌려가서 죽고.

나중에 한 10년 전쯤 한 1억 5천 보상 다 받았어. 식구가 많으면 돈이 많고 그 재판을 해가지고 승소를 했으니까. 그것도 많은 세월이 지나고 60~70년 지나서 보상을 받았으니 늦게 받았지. 받은 지 얼마 안 돼. 여기서 민간인 희생자 제사를 지내고 했는데 이제는 안 하더라고.

생과부도 옳은 과부도 국자로 술 팔아

그때 이북도 나쁘고 또 우리 남한 쪽에서도 전쟁통이라 여러 가지 희생이 많았지.

생과부가 있었고 옳은 과부가 있었어. 옳은 과부는 남편이 전사해서 혼자 사는 여자, 생과부는 남편이 군에 가가지고 휴가도 못 와서 혼자 사는 이를 생과부라 그랬고.

둘이 살다가 남자가 죽거나 못 오고 하니, 여자 혼자서 먹고 살길이 없잖아. 그래 방 하나 얻어가지고 요런 항아리에 술 배달하는 사람한테 말해서 술 한 말 갖다 놓고 전부 국자로 술 팔아가지고 생활했던 게, 그게 기억이 나.

그때는 한번 군에 가면 제대가 없으니까, 7년이고 8년이고. 워낙 참다 가난했거든. 그리고 여자가 먹고 사는 게 제일 빠른 길이 그거밖에

없는 거야. 술 파는 거. 그래야 밥이라도 겨우 먹고 살거든. 불쌍한 여자들이야.[10]

그 당시에 아이들도 다 가난하고 힘들었지. 부자로 먹고사는 사람이 열 중에 하나. 여기도 농사짓는 사람도 그래서 전부 남의 도지를 소작했지. 자급자족되는 사람은 너댓 집밖에 없었어. 제일 부자가 우리 큰집이고. 전부가 춘궁이라는 게 있었지. 쪼만한 소농들이 봄 되면 양식이 다 떨어져버리니께 뭐 송구('송기'의 사투리. 소나무 내피를 뜻함)도 뺏겨먹고 나물하랴. 그중에 우리가 또 하나 들어가고. 허허허허.

미군 수색대에게 전투식량 받아 생활

6·25 사변 때는 학교에서 가르치는 걸 못 하니까 월급이 안 나올뿐더러 여기서 운동장 복판에 포탄이 떨어져가지고 문이 싹 다 나가고, 책상도 미군들이 댕기면서 불 다 때버리고.

미군이 문경에 주둔 했응께. 미군들이 주둔한다고 하면 학교뿐이거든. 여기에 미군 정찰대가 있었어. 문경에 미군이 주둔했는데 정찰대를 할 때 내가 영어는 모르더라도 지도에 알파벳은 아니까 정찰대를 따라다녔어. 예를 들어 갈평이다 그러면 지도 보고 알 수 있지. 말은 안 통하는데 미군 중에서도 일본에 주둔했다가 온 군인은 말이 되서, 일본말도 잘 못할 텐데 그래도 통하기는 통하대. 그래서 그 사람한테

---

10) 6·25 전쟁으로 인한 미망인 50여만 명은, 여성의 경제활동이 극히 제한적인 사회구조 속에서 생존하기 위해 고통을 겪어야만 했다.

말해주고 많이 댕겼어.

그 미군들이 본대가 있으면 수색대가 먼저 다 알아야 돼. 지금은 웃으며 말하지만 거기 갔다 오면 씨레이션(ciration 전투식량) 그런 거 있었어. 하루치 식량 요만치. 요만한 거. 그거 맨날 같이 받아왔어. 담배도 한 갑 들어있고 통조림도 한 개 들었고. 하루치 그걸로 살 수 있어. 자기들도 그거 먹고. 그래 한 개씩 얻어가지고 왔지. 하하하. 많이 댕겼어. 학교에도 안 갔는데 우에 알고 날 찾아와서.

6·25 전쟁 때는 월급 못 받는 거 말고는 크게 전쟁 피해는 없었어. 여기는 인민군도 소대 병력도 없이 이래이래 교차 전술을 써가지고 여기는 그만 그냥 점령하는 거야. 교차해서 가운데 보호되는 지역이어서 덕분에 포탄도 없고 여기는 괜찮았지. 그 한 번 학교는 피해를 봤는데, 미군이 오인을 해가지고 운동장에 폭격해서 유리창이 다 나가버려. 그래가지고 종이로 발랐어. 그때 뭐 나라에서 뭐 나왔나? 학부형들이 다 내가지고 했지. 요새는 초등학생이 신선이지, 뭐. 냉난방 다 되겠다.

결혼과 교사 생활

6·25 전쟁이 아직 끝나지 않았지만, 결혼을 했어. 큰집에 내 5촌 되는 어른이 제일 여기서 부자랬는데, 돌아가셨어. 그러니까 큰 장사인데 상주 없이 어이 지내겠나 하면서 내가 두서너 달 상주질 해줬어. 그래 큰집 양자 노릇 잠깐 해줄 때 중매로 결혼했지.

당시 전쟁 때라도 정교사는 군인이 보류가 돼. 정교사는 훈련만 받았어. 그때는 제주도 모슬포라는데 신병교육대가 있었어. 그래, 저 포항에서 LST(전차상륙함)라고 그러는가? 거에 실어가지고. 정교사는 그래 훈련받고.

내가 28살에 교감이 됐어. 큰 학교 교감하고 돌아다니다가 교장이 된 게 42살이었나? 이후 독학으로 공부를 더 해서 고등학교 교사를 하게 됐어. 아이고 독학이라는 건 참 어려운 게, 누가 좀 있으면 좋으련만.

한국문화센터 소장이자 정보부 하수인

그러다가 일본에 가는 시험을 쳤어. 각 도에서 10명하고 서울에서 30명하고 그래 160명이 모여가지고 시험을 쳐가지고, 운 좋게 16명 합격자 중에 내가 합격을 했어. 쪼맨이래도 공산주의에 하자가 있으면 안 돼. 시험 친 중에 제일 어렸웠지. 그래 일본에 한국문화센터 소장으로 갔어. 76년까지 일본하고 아직 국교는 없었지만, 교육 관계는 다 결연이 되어 있었으니까, 내가 히로시마 가가지고 좀 말하기 안 됐지만 정보부의 하수인을 했어. 지금은 히로시마 정식 영사관이 있는데 그때는 하관下関(시모노세키)밖에 없었거든.

그래 그 재일교포 아이들이 국문도 못하고 자기 성 없이 일본 이름으로 다 개명을 했어. 거 가가지고 많은 교포들 교육을 주로 했지만, 사실은 중앙정보부 하수인을 했어. 그 일이 더 많아. 정식 영사관이 없었으니.

일본 거류민단에서 한국말을 50시간 의무교육을 시킨다고 해. 50시간 하면 한국말은 트여. 표면적인 일은 그 일인데, 나라 심부름이 더 많아. 예를 들어서 신문에 한국에 대한 기사가 뭐 어떤 게 나왔나 전부 조사해가지고 월례 보고를 다 해야 되고.

공부 응원해 준 외삼촌, 잘 커 준 자식들이 제일 고맙고

평생 살아오면서 제일 힘들었던 건 돈. 역시 돈이지.

내가 사는 동안 제일 힘들었던 시절은 해방 전후. 해방 전후에 굶다시피 했어요. 영주에 내 외가는 운송 사업을 하며 잘살았는기라. 그래 내가 자동차 조수로 해가지고 운전할라고 갔더니만, 거기서 외삼촌이 "너는 이거 하면 안 되니께 학교를 다니라" 하셨어. 참 고마운 분이거든. 내가 은혜를 다 못 갚았는데 돌아가셨어.

가족들은 내가 국민학교 교장 퇴직할 때 퇴직금으로 대구에 집을 사서 거기 살고, 내는 영천, 포항에서 자취 생활하면서 학교 다니다가 일본으로 갔던 거지. 대구 집에서 아이들 공부시켰는데 대구에서 19년 살았나?

고생 많이 했어. 아이들한테는 다른 재산은 못 노놔줘도 공부는 좀 시킨다고 대학원까지 다 보냈어. 공부에 포원이 진 사람이야. 아이들은 내가 잘 키우지는 못했지만 제일 보람되고 제일 잘했다 생각하는 건, 아이들이 다 취직하고 교사, 교수로 나름대로 다 좋은 학교에 갔어. 그때가 제일 좋았지. 5남매 중에 맏아들하고 의사하는 딸이 미국 시민권자가 되었고.

모두 부자들이라도 아아들이 많으면 그중에 하나 꼭 비뚤어지는 놈이 있는데 나는 그런 게 없어. 다섯 놈이 다. 내 참말로 평범한 국민이고 할 말이 뭐 있겠나마는, 아아들이 전부 다 그대로 잘 커 준 게 제일 고맙지.

* 참고문헌

〈국내 단행본〉 (책 가나다 순)

《구술사: 아카이브 구축 길라잡이.1, 2》, 한국구술사연구회(정혜경 외), 선인, 2017.

《근대 사물탐구 사전》, 정명섭, 초록비책공방, 2022. 261~272쪽

《법정에 새긴 진실》, 근로정신대 할머니와 함께하는 시민모임, 선인, 2016. 51쪽, 94쪽

《서발턴은 말할 수 있는가?》, 가야트리 차크라보르티 스피박 외, 그린비, 2013.

《아시아태평양전쟁에 동원된 조선의 아이들》, 정혜경, 섬앤섬, 2019. 9쪽, 130쪽

《여성의 눈으로 본 한일 근현대사》, 한일여성공동역사교재 편찬위원회, 한울, 2005.
 165~166쪽, 173~176쪽

《일제 말기 조선인 군노무자의 실태 및 귀환》, 정혜경, 한국독립운동사연구소, 2003.

《일제 식민지정책과 식민지 근대화론 비판》, 신용하, 문학과지성사, 2006. 367쪽,
 376쪽, 378쪽

《조선인 강제연행·강제노동 연구Ⅱ-일본제국과 조선인노무자공출》, 정혜경, 선인,
 2011.

《창씨개명》, 미즈노 나오키, 산처럼, 2002. 27~28쪽, 47쪽, 37쪽

《팩트로 보는 일제말기 강제동원2》, 정혜경, 선인, 2023.

《한국 근대사의 풍경》, 노형석, ㈜생각의나무, 2005. 267쪽

《한국 근현대사의 이해》, 신남주·배은아, 신정, 2013. 179쪽, 229쪽

《한국독립운동의 역사35-교육운동》, 김형목, 한국독립운동사연구원, 2009. 41쪽, 49쪽

〈신문〉

"공장에서 도망가다 잽히믄, 사람들 앞에 옷 베껴 돌렸당께", 한겨레신문, 2021.3.1.

〈일본 단행본〉 (발행 연도순)

長澤秀,「戰時下常磐炭鉱における朝鮮人鑛夫の勞動と鬪い」,

『 朝鮮人强制連行論文集成』, 明石書店, 1993.

富井正憲, 『非文學資料研究センター第 2 回公開研究会』, 2010. 17쪽

雨宮　剛編著, 『もう一つの强制連行:謎の濃耕勤務隊』, 2012, 346,

　435~436, 483쪽

長野県强制労働調査ネットワーク, 『本土決戰 外國人强制勞動』, 高文研,

　2023. 6쪽

✱ 여러분의 후원에 감사드립니다

강영길	김윤희	성영희	은수희	장남혁
강하라	김정란	손경호	이기정	장채영
곽은비	김현경	신정철	이남금	정상민
권구영	김희주	신혜숙	이려화	정은선
김광섭	류성희	안미선	이미숙	정희태
김경화	마리아	안미현	이보옥	조성애
김경희	민정아	안은정	이서안	최은지
김명희	박경희	양송이	이영숙	최정민
김미경	박오이	엄윤숙	이웅희	최화정
김미선	박지성	오무석	이을순	표민아
김보람	박치현	오미혜	이재우	쿠나와하트
김선이	배형옥	오희숙	이춘각	현한나
김성희	보 은	옥현서	이 혁	홍영혜
김순옥	서대한	유용우	이현아	
김영철	서진숙	윤미영	이현영	
김예린	서희수	윤혜경	임진숙	

내가 가장 예뻤을 때

초판 1쇄 펴낸 날 단기4357(2024)년 6월 25일

엮 은 이 | 류리수·오성숙·이윤채
디 자 인 | 명 크리에이티브
박 은 곳 | 명 크리에이티브
펴 낸 곳 | 도서출판 얼레빗
펴 낸 이 | 이윤옥
등록일자 | 단기 4343년(2010) 5월 28일
등록번호 | 제000067호
주   소 | 서울시 영등포구 영신로 32 그린오피스텔 306호
전   화 | (02) 733-5027
전   송 | (02) 733-5028
누리편지 | pine9969@hanmail.net
I S B N | 979-11-85776-26-2

값 18,000원